CHRISTOPH MORGNER (HRSG.)

Alles, was ihr tut, geschehe in Liebe

Das Lesebuch zur Jahreslosung 2024

Der Vers zur Jahreslosung wird abgedruckt mit freundlicher
Genehmigung der Ökumenischen Arbeitsgemeinschaft für
Bibellesen (ÖAB), Berlin.

© 2023 Brunnen Verlag Gießen
Lektorat: Uwe Bertelmann
Umschlagabbildung: Eberhard Münch, Jahreslosung 2024,
Mischtechnik © 2023 bene! Verlag, Verlagsgruppe Droemer
Knaur, München, www.bene-verlag.de
Umschlaggestaltung: bene!
Satz: Brunnen Verlag GmbH
Druck: GGP Media GmbH, Pößneck
Gedruckt in Deutschland
ISBN Buch 978-3-7655-3631-1
ISBN E-book 978-3-7655-7835-9
www.brunnen-verlag.de

Ich widme dieses Buch

Pfarrer i. R.
Hartmut Bärend, Berlin,

langjähriger Generalsekretär
der
Arbeitsgemeinschaft Missionarische Dienste
im Diakonischen Werk
der EKD

Inhalt

Vorwort

Wenn ein Buch zur Serie wird und nun zum 14. Mal erscheint, spricht das für sich. Das war wahrlich nicht abzusehen, als vor 15 Jahren der Gedanke entstand, ein Buch zur Jahreslosung herauszugeben, probehalber erst mal für ein Jahr. Ob es Anklang finden, gekauft und gelesen wird? Immerhin: Der Aufwand dafür ist erheblich. Mehr als 40 Verfasserinnen und Verfasser wollen dafür gewonnen werden. Wird das, was sie zu Papier bringen, auch die Herzen derer erreicht, die das Buch kaufen und dann auch lesen?

Der Erfolg sprach für das Projekt. Es wurde eine Geschichte des Segens daraus. Sie setzt sich – so meine Erwartung und mein Gebet – im Jahr 2024 fort. Auch diesmal gehe ich davon aus, dass das Buch die Köpfe und Herzen erreichen wird. Viele werden danach greifen, um sich persönlich mit der Jahreslosung zu beschäftigen. In den Gemeinden wird das Buch genutzt, um es in Gottesdiensten, in vielfältige Veranstaltungen und in Hauskreise einzubringen. An Material dafür fehlt es nicht. Gott segne alle, die nach diesem Buch greifen und die es segensreich für andere einsetzen!

Wenn das Pfarrer Otto Riethmüller (1889-1938) geahnt hätte! Er war langjähriger Vorsitzender des Burckhardthauses (für weibliche Jugend). In Absprache mit dem Reichsverband der Evangelischen Jungmännerbünde gab er im Jahr 1930 die erste Jahreslosung heraus. Sie lautete: „Ich schäme mich des Evangeliums von

Jesus Christus nicht!" (Römer 1,16). Damit wurde eine Segensgeschichte eingeleitet, die bis zu dem jetzigen Buch zur Jahreslosung reicht.

Gerne danke ich dem Brunnen Verlag und seinem theologischen Lektor Uwe Bertelmann für die gute Zusammenarbeit und die sorgfältige Lektorierung des Buchs. Und wieder hat meine Frau in geduldiger Arbeit Korrektur gelesen. Auch ihr ein herzliches Dankeschön!

Dr. Christoph Morgner, Garbsen

Bildbetrachtung zum Motiv der Jahreslosung 2024

Wie wünschenswert!

Möge doch alles, was in diesem Jahr geschieht, in Liebe geschehen! Dabei wagen wir kaum an das ganze Weltgeschehen zu denken mit seinen Gewalttaten, Ungerechtigkeiten und Kriegen. Aber würde es doch wenigstens für uns persönlich gelten, die wir uns weder der Vernunft noch der Hoffnung verschließen wollen. Wer könnte denn bestreiten, dass jedes gerechte und friedliche Zusammenleben auf der gegenseitigen Anerkennung, Wertschätzung und Zuwendung basiert?

Ob Bitte, Aufforderung oder Befehl

„Alles, was ihr tut, geschehe in Liebe!", ist nicht als ein „frommer Wunsch" formuliert, sondern als konkrete Bitte und Aufforderung. Ist es also ein weiterer der unzähligen Appelle, mit denen wir uns in Politik und Gesellschaft, Kirche und Medien dauernd konfrontiert sehen? Wir wollen die Sinnhaftigkeit und Notwendigkeit des Eingeforderten gar nicht bestreiten. Wir beobachten aber an uns selbst wie an anderen, dass Mahnrufe allein den Menschen nicht verändern. Die ständige Wiederholung von Imperativen lässt die Angesprochenen eher abstumpfen und ermüden.

Licht verdrängt Finsternis, Wärme überwindet Kälte

Es liegt in unserer Natur, dass wir uns nicht allein durch vernünftige Argumente in Bewegung bringen lassen und nicht durch Ermahnungen allein zum Guten zu motivieren sind. Auch die Finsternis lässt sich nicht durch Kritik an ihr verdrängen, sondern nur durch Licht; und die Kälte wird nicht durch weitere Kälte überwunden, sondern nur durch Wärme. So werden wir persönlich durch nichts anderes beziehungsfähig als durch die eigene positive Erfahrung von Wertschätzung und Anerkennung. Es ist das Licht einer voraussetzungslosen Zuwendung, das unsere Einsamkeit und Enttäuschung überwindet. Es ist die Wärme einer bedingungslosen Zuneigung, die die Verkrampfung unserer eigenen kalten Hände löst. Wer kann sich der Einladung zur Liebe entziehen, wenn er ihr Licht und ihre farbenfrohe Wärme wahrnimmt, wie sie uns Eberhard Münch auf seinem diesjährigen Jahreslosungsbild (siehe Umschlag) bildhaft vor Augen malt?

Beziehungsgewiss und fähig zur Liebe

So erwächst unsere Beziehungs*fähigkeit* aus unserer eigenen Beziehungs*gewissheit*, und unsere Beziehungsgewissheit gründet in unserer Beziehungs*wirklichkeit*.

Wenn die Beziehungen, die unser Leben fördern, für uns erfahrbar werden, dann entwickelt sich in uns auch die Bereitschaft, unser eigenes Leben in der Realität der Liebe zu gestalten. Diese Gewissheit und Fähigkeit der Liebe werden in 1. Korinther 13 so bewegend wie überwältigend in dem „Hohelied der Liebe" besungen.

Voraussetzungslos, aber folgenreich

Es ist also die voraussetzungslose Liebe, die sich in unserem Leben als folgenreicher erweist als alle Appelle. Es ist die Zuneigung, die uns unwiderstehlicher überwältigt als alle Kritik. Es gibt keinen stärkeren Imperativ als den Indikativ der Liebe. Damit erkennen wir aber zugleich, dass wir als Einzelne und ohne die uns tragenden Beziehungen nicht selbst die Quelle für das Licht sein können, dessen Strahlen unser Leben erhellen. Wir vermögen als Individuen die lebensförderliche und beziehungsstärkende Liebe nicht zu produzieren, wir können sie nur als Geliebte reflektieren. Wir können das empfangene Licht widerspiegeln und die gewonnene Wärme weiterleiten.

Lichtstrahl und Lichtquelle

Als für die Beziehung Geschaffene sind wir auf den Ursprung aller Liebe angewiesen, wie der Lichtstrahl auf die Lichtquelle und die Wärmestrahlen auf ihre Wärmequelle. Nicht nur die unter uns, denen eine voraussetzungslose Annahme durch andere Menschen bisher im Leben vorenthalten wurde, bedürfen der überfließenden Lebensquelle und des beständigen Lichtes der Liebe. Denn keiner von uns hat in seinem Leben nur Liebe erfahren und jeder weiß um die Unvollkommenheit zwischenmenschlicher Liebe. Wir bleiben in unserem Leben auf den Empfang von Zuwendung grundsätzlich angewiesen.

Vollkommen – sichtbar

Gott, der Schöpfer allen Lebens, liebt vollkommen und grenzenlos. Er selbst ist aber unsichtbar und wird von vielen nicht erfahren. Der Ursprung seines Lichtstrahls liegt außerhalb unseres Bildes. Hingegen ist die zwischenmenschliche Liebe für uns sehr wohl erfahrbar, sie bleibt aber in der Regel unvollkommen und begrenzt. So gilt: Gottes Liebe, die wohl unsichtbar, aber vollkommen ist, wird für uns greifbar in der menschlichen Liebe, die zwar unvollkommen, aber sichtbar ist. Dass es Gott gibt und dass er Liebe ist, wird für uns nirgends so klar sichtbar wie in der Person und dem Weg und Wirken Jesu Christi, der das Licht und Leben seines himmlischen Vaters für uns auf Erden anschaulich verkörperte.

Ist Liebe alles?

Ist Liebe denn wirklich alles, was wir für uns und für diese Welt brauchen? Nein, angesichts der Dunkelheit und Kälte dieser Zeit bedarf es auch des Widerspruchs der kritischen Wahrheit. Aber wie die Liebe nicht ohne Wahrheit sein kann, so sollte die Wahrheit niemals ohne Liebe sein. Liebe ist nicht alles, aber ohne Liebe wäre alles nichts. Und deshalb soll alles, was wir tun, in Liebe geschehen.

Prof. Dr. Hans-Joachim Eckstein ist Theologe, Autor, Referent, Musiker und Poet.
© bene! Verlag. Ein Imprint der Verlagsgruppe Droemer Knaur GmbH & Co. KG, München
www.ecksteinproduction.com
www.bene-verlag.de

RALF ALBRECHT

Liebe in Serie

Ich streame sehr gerne Serien. Und könnte jede Menge Empfehlungen aussprechen, welche davon echt sehenswert sind. Aber jetzt und hier geht es mir um was anderes: um den 1. Korintherbrief als Gottes Serie mit uns. Aufgebaut ist dieses neutestamentliche Bibelbuch wie eine spannende Serie. Mit Plots und Twists, spannenden Charakteren und Beziehungen. Und wir alle mittendrin.

Staffel und Folgen

Eine neue Gemeinde ist entstanden. Und sie erlebt jetzt alles, was so eine Gemeinde betreffen kann. Glück, Innovation, Streit, Skandal, Schwierigkeiten, Zusammenhalt, Auf- und Ausbau, Vision und Auftrag. In einer Staffel mit 16 Folgen – eine zweite Staffel wird folgen. Einer der roten Fäden, die sich thematisch durch die ganze Staffel ziehen: die Liebe. So besonders, dass sie in dieser Staffel einen eigenen Namen bekommt. Gottes bedingungsloser, geschenkter, lebensverändernder Liebe wird ein spezieller Titel gegeben: *„Agape"*. Folge 13 erzählt in den schillerndsten, buntesten Farben, wie sie ist. Geduldig, nicht nachtragend, wahrhaftig.

Cliffhanger

So vollkommen, so lang, so breit, so hoch, so tief greift die Liebe. Damit wäre doch eigentlich alles gesagt. Und trotzdem dieser Appell: „Lasst alles in Liebe geschehen!" Werdet, was ihr seid. Macht, was in euch gelegt ist. Setz um, woraus ihr lebt.

Denn der Alltag sieht anders aus. Eine Lieblosigkeit nach der anderen steht dem entgegen, was Gott in unsere Welt hinein geliebt hat. Sie ist von Gott über alles geliebt – und sie wird gleichzeitig geschlagen und geschunden vom Hass der Menschen aufeinander und auf sich selbst. Solche eigentlich unfassbaren Wendungen werden im Rahmen einer Serienstaffel gerne als

„Cliffhanger" eingebaut. Die Spannung erreicht einen Höhepunkt – und genau hier ist die Folge zu Ende und man muss bis zur nächsten warten. Dort, wo Liebe herrschen könnte, wütet der Hass. Dort, wo Friede sich ausbreiten könnte, lodert der Krieg. Dort, wo Recht fließen könnte, herrscht das Unrecht. Und von Folge zu Folge unserer eigenen Lebensserie und der Lebensserie unserer Welt werden solche „Cliffhanger" geschrieben, die die Spannung bis zum Zerreißen aufladen; die uns davon ausgehen lassen, dass eigentlich alles verloren ist.

Und genauso geht es der Liebe Gottes in Serie. Sie ist zart, rein, klar, wahrhaftig, eindeutig, versöhnlich, vergebend. Und trifft auf unfassbare Lebenswendungen, die sie infrage stellen, ignorieren, konterkarieren, verletzen.

Der Auftrag bleibt aber der gleiche: *„Alles, was ihr tut, geschehe in Liebe"* (1. Korinther 16,14). Die Protagonistinnen und Protagonisten der Serie bleiben in aller Zerbrechlichkeit und Fehlerhaftigkeit ihres Lebens an diesem Auftrag dran. Sie finden mitten in Irrungen und Wirrungen und durch tiefe Täler immer wieder neu zu ihrer ursprünglichen Berufung. Liebe geht immer neu in Serie, trotz allem. Folge um Folge finden die Berufenen zu diesem Grundauftrag zurück – egal, wie umkämpft das ist. Sie fallen und stehen wieder auf. Denn Liebe treibt sie an und Liebe ist ihr Auftrag.

Finale

Staffel eins, Folge 16. Das Staffelfinale. Noch einmal treffen alle Hauptfiguren aufeinander. Alle fein gesponnenen Fäden werden noch einmal am Ende sichtbar und werden aufgenommen. Gut zu merken im Skript am Ende: *„ALLES, was ihr tut".* Umfassender kann man es nicht schreiben. Dieses eine kleine Wort ist so groß geraten, dass es einem den Atem raubt. Paulus mag es, auch in anderen Zusammenhängen. „Wir wissen aber, dass denen, die Gott lieben, ALLE Dinge zum Besten dienen" (Römer 8,28). „Denn Gott hat ALLE eingeschlossen in den Ungehorsam, damit er sich ALLER erbarme" (Römer 11,32). „Den verkündigen wir und ermahnen ALLE Menschen und lehren ALLE Menschen in ALLER Weisheit, auf dass wir einen jeden Menschen in Christus vollkommen machen" (Kolosser 1,28). Universal, umfassend, final – so handelt Gott.

Die Liebe Gottes siegt final – und solange sie noch nicht vollkommen gesiegt hat, ist das Ende nicht da. Ende gut, alles gut. Und noch einmal blicken wir am Ende, wenn der Serienabspann läuft, auf alle wichtigen Charaktere zurück. Unvergessliche Szenen aus manchen Folgen laufen wie im Film nochmals vor uns ab. Und wir sind zutiefst berührt und bewegt, wie sich zum Schluss doch alles auflöst.

Die Liebe Gottes siegt final. Ende gut, alles gut.

„Alles, was ihr tut, geschehe in Liebe!" Liebe in Serie läuft noch. Manche Folge wird gerade noch geschrieben

und abgedreht – und manchen Cliffhanger erahnen wir noch nicht einmal. Aber eines bleibt: die Liebe. Und der Auftrag, in der Kraft der Liebe dafür zu sorgen, dass sie sich ausbreitet.

PS: Sie brauchen Serienempfehlungen? Mich haben in letzter Zeit unter anderem „Anne with an E", „The chosen", „Manifest" und „Sandman" beeindruckt …

Ralf Albrecht ist Prälat der Ev. Landeskirche in Württemberg in Heilbronn.

JOHANNES BERTHOLD

„Schwester Erna kommt!"

Meine Erinnerung an Schwester Erna Ring reicht bis in ferne Kindheitstage. Und wenn ich davon erzähle, dann natürlich mit den Augen und Ohren eines Kindes. Jedenfalls verging kein Jahr, dass unsere Mutter nicht irgendwann feierlich verkündigte: „Schwester Erna hat geschrieben. Und sie hat vor, uns wieder einmal zu besuchen."

Erwartung mit Freude und Spannung

Eine solche Ankündigung sorgte unter uns Geschwistern für eine besondere Mischung aus Freude und Spannung. Schon im Geiste sahen wir sie vor uns: ihre große, schlanke Gestalt, gekleidet in eine Art „Uniform", die sie schon rein äußerlich zu etwas Besonderem machte, uns Respekt einflößte und uns nötigte, selbst eine gewisse Haltung anzunehmen, ihr offenes und kluges Gesicht und ihre Augen, die mit wachen und aufmerksamen Blicken alles sahen – mehr als uns manchmal lieb war. Und ihre vielen Fragen, die nicht neugierig waren, sondern zeigten, dass sie sich wirklich für uns interessierte. Zuallererst für unsere Schwester Johanna, die ihr Patenkind war. Von ihr ließ sie sich ab und zu die Schulhefte zeigen. Doch nicht nur Schulhefte interessierten sie, wusste sie doch, dass Kindern aus christlichen Elternhäusern unter den damaligen politischen Bedingungen so mancher kalte Wind um die Ohren blies.

Eine Freundschaft fürs Leben

Zu dem gefühlten Respekt und der Wertschätzung ihr gegenüber kam noch der bestimmte Eindruck hinzu, dass unsere Mutter mit Schwester Erna eine herzliche und tiefe Freundschaft verband, deren Anfänge sie uns oft und gern erzählte.

Schwester Erna war gewissermaßen die „Arbeitskollegin" unseres Vaters, der im Krankenhaus zu Kirchberg als Pfleger tätig war. Unsere Eltern wohnten damals in Culitzsch. Das bedeutete für unseren Vater täglich einen langen Fußweg erst steil bergauf und dann hinunter nach Cunersdorf und von dort noch einige Stationen mit der „Bimmelbahn", die von einer Dampflokomotive gezogen wurde. Und das bei jedem Wetter. Ein beschwerlicher Weg, zumal unser Vater stark sehbehindert war. Hatte es geschneit und war der Weg glatt, stürzte unser Vater oft und verschüttete auch sein Mittagessen.

Dieser junge Pfleger entging nicht Schwester Ernas aufmerksamem Blick. Bald wusste sie nicht nur, dass dessen Arbeitsweg beschwerlich war, sondern kannte auch die seltsam und heilsam verschlungenen Lebenswege ihres jungen Kollegen: In einem atheistischen Elternhaus aufgewachsen, hatte er sich erst als Erwachsener taufen lassen und in einer Landeskirchlichen Gemeinschaft Heimat gefunden. Sie erfuhr, dass unser Vater auch in Culitzsch eine Landeskirchliche Gemeinschaft gegründet hatte, und bald kam es auch zu ersten Besuchen, bei denen sie die Familie mit den zwei kleinen Töchtern zu Hause kennenlernte. Bald gesellte sich ein drittes Mädchen dazu, für das sie gern das Patenamt übernahm. Es muss eine wunderschöne Taufe gewesen sein, erzählten unsere Eltern oft, denn keiner der Gäste wollte am Abend nach Hause gehen.

In diesen Jahren hatte unsere Mutter in Schwester Erna eine wirkliche Schwester gefunden. Oft war sie ihr eine tatkräftige Hilfe, oft eine einfühlsame Zuhörerin, der sie auch einmal das Herz ausschütten und mit der sie beten konnte. Eine Freundschaft war entstanden, die über Jahrzehnte und auch über weite Entfernungen bestehen blieb. Denn bald ging Schwester Erna nach Woltersdorf bei Erkner in das Evangelische Krankenhaus als

OP-Schwester und später in das dortige Erholungsheim als Gästeschwester. Ihren Jahresurlaub aber verbrachte sie regelmäßig im Mülsengrund. Von dort aus nahm sie sich dann Zeit, um Verwandte zu besuchen. Und dann hieß es auch bei uns: „Schwester Erna kommt!"

Briefe und Päckchen vertieften die Freundschaft

Doch es hieß nicht nur „Schwester Erna kommt!", sondern es kamen auch regelmäßig Briefe in wunderschöner, akkurater Handschrift verfasst, ja oft auch ganz große Pakete von Schwester Erna. Und auch das hatte etwas mit ihrem aufmerksamen Blick zu tun. Umsichtig nahm sie wahr, was in einer solch großen, ja wachsenden Familie gebraucht wurde; denn das vorhandene „Dreimädlerhaus" hatte sich mit der Geburt von Zwillingsmädchen und einem Jungen inzwischen verdoppelt. Wenn sie für unsere Mutter ein Paket einpackte, dann fanden sich darin gebrauchte, aber noch gute Gardinen, Bettwäsche, Handtücher, Kleidung und verschiedene nützliche Utensilien – allesamt Dinge, die im Krankenhaus aussortiert, bei Haushaltsauflösungen zu finden waren oder auch von Bekannten zu ihr gebracht wurden. Denn jeder wusste, dass Schwester Erna anderen damit Freude machen wird. Und in der Tat war die Freude darüber bei unserer Mutter immer riesengroß und ein Verwendungszweck fand sich stets. Noch heute haben wir als Geschwister solche „Andenken" an Schwester

Erna. Und wenn es der alte stabile Lederkoffer ist, der nicht mehr zum Reisen taugt, sondern auf dem Boden für ganz bestimmte Spielsachen reserviert ist. Oder eine kleine zarte Stickerei, die so filigran ist, dass sie jetzt eingerahmt als Wandbild das Zimmer ziert. Und da gibt es noch die unvergessene Geschichte mit den „50 Mark", die beim Auspacken eines Pakets von Schwester Erna fast verloren gegangen wären und erst im letzten Moment mit großem Jubel entdeckt wurden – als hätte Schwester Erna gewusst, dass wir gerade Geld für das Einkellern der Kartoffeln benötigten.

Wenn ich mich heute an Schwester Erna zurückerinnere – nun nicht mehr nur mit den Augen und Ohren von Kindern –, dann erfüllt mich große Dankbarkeit: für ihr Herz, das für andere dachte, ihre erfrischende Offenheit und Ehrlichkeit, ihr aufrichtiges Interesse an jedem von uns sechs Geschwistern, ihre Anteilnahme an unserem weiteren Lebensweg auch über das Elternhaus hinaus, ihre Mitfreude und ihr Mitleiden in den verschiedenen Wechselfällen des Lebens. Das zeigte uns, wie sehr wir ihr ans Herz gewachsen waren.

In all dem lebte sie in fröhlicher Bescheidenheit ein Leben für andere, mit dem sie uns zu einem überzeugenden Vorbild im Glauben wurde – und in der Liebe, denn: *„Alles, was ihr tut, geschehe in Liebe"* (1. Korinther 16,14).

Prof. Johannes Berthold, Moritzburg, war bis zu seinem Eintritt in den Ruhestand im Jahre 2018 Vorsitzender des Sächsischen Gemeinschaftsverbandes.

MATTHIAS CLAUSEN

Ein heiliger Reflex

Wenn man Theologie studiert, gehört man zu einer merkwürdigen Spezies. Man verbringt seine Zeit nicht nur in Vorlesungen und Bibliotheken, sondern gern auch beim Kaffee oder Kakao in der Uni-Cafeteria. Und führt dort lautstark Gespräche, in denen für die Umsitzenden unverständliche Begriffe fallen, häufig Zungenbrecher. „Plausibilitätsstruktur" oder „Supralapsarismus" oder „Transsubstantiationslehre". Nicht dass man diese Worte notwendigerweise verstanden hätte, das beeinträchtigt aber nicht das angeregte Gespräch. (Manchmal redet man auch einfach über Fußball oder das Mensaessen.)

Als ich Ende der 1990er-Jahre als Student ein Auslandsjahr in London verbrachte, war das nicht anders. Mit dem Unterschied, dass meine Mitstudierenden nach Ende der Vorlesung und schon nachmittags nicht ins Café gingen, sondern in den Pub. Dort tranken sie große Gläser mit wässrigem englischem Bier und die Sitte wollte es, dass man Runden ausgab. Das tat ich auch brav, wenn ich an der Reihe war. Ich war nur selbst nach meinem ersten Glas vollauf versorgt und wollte kein weiteres Bier. Das erstaunte meine Freunde. „That German, he frightens me. How can he just sit there and not drink anything?", ereiferten sie sich in gebildet-britischem Tonfall. „Dieser Deutsche macht mir Angst.

Wie kann er einfach dasitzen und nichts trinken?" Eingeweihte behaupteten, dass *bestimmte* theologische Texte nach einem Maß englischen Biers mehr Sinn machten als vorher. *Who knows.*

Auch hier war das Gespräch angeregt, etwa wenn es um die logische Unmöglichkeit der Unfehlbarkeit des Papstes ging: „Er soll ja nur *dann* unfehlbar sein, wenn er es vorher angekündigt hat. Was aber, wenn er zu der *Zeit*, als er dies angekündigt hat, *fehlbar* war?" – „What a beautiful paradox", meinte ein Kollege, „ein wunderschönes Paradox."

Einer war dabei, der trank überhaupt kein Bier. Er war genauso fröhlich und gesprächig wie die anderen, verkniff sich aber allzu böse Witze. Besonders wichtig war ihm das Thema „Heiligung": Dass Gott Menschen verändert, merke man schon jetzt und an ihrem Verhalten. Es gebe echten Fortschritt in der Heiligung, so behauptete er, vielleicht sogar Vollkommenheit – schon in dieser Welt. Das passte zu seiner geistlichen Heimat, die bereits an der Kleidung erkennbar war: Er war Teil der Heilsarmee.

Wir mochten ihn, doch was sein Verständnis von Heiligung anging, mussten wir bei allem Respekt gegenhalten: Ist das nicht unevangelisch? Natürlich heißt Heiligung, dass Menschen verändert werden, schon jetzt. Aber sie bleiben zugleich Sünder und brauchen Vergebung. Sündlosigkeit gibt es nicht, nur bei Jesus – alles andere ist Selbsttäuschung.

Das sehe ich bis heute so. Auch die engagiertesten Christen sind fehlbar. Rückblickend habe ich trotz-

dem den Verdacht, dass wir es uns damals zu einfach gemacht haben. Denn Gottes Geist verändert Menschen
eben *tatsächlich*, nicht nur theoretisch, und das kann man
sehen. Vor lauter evangelisch-theologischer Korrektheit
sollte man nicht verpassen, was Gottes Geist uns vor die
Füße legt. Oder *wen*.

Nach einem dieser frühen Abende im Pub gingen wir
gemeinsam durch die Straßen von London. Dunkel war
es, verregnet, um uns herum Unmengen von Menschen,
Busse, hupende Autos, die Lichter der Geschäfte und
Theater. Kauernd in Türeingängen saßen Obdachlose,
auf einer Decke, neben sich ihren Hund und Plastiktü-
ten mit Habseligkeiten, vor sich eine Schale zum Geld-
sammeln. Teils waren die Augen glasig, so waren sie
schon für Laien als Suchtkranke erkennbar. Ihnen einfach Geld zu geben, würde ihnen kaum helfen, so hatte
man mir versichert. Also schlichen wir vorbei, mit leicht
schlechtem Gewissen, um dann wieder unsere „gelehrte
Konversation" aufzunehmen.

Anders unser Freund von der Heilsarmee. Er hockte
sich neben einen Obdachlosen, ging auf Augenhöhe,
ohne Scheu. Er sprach ihn freundlich und respektvoll
an. Und gab ihm gut informierte Tipps: „Waren Sie
schon einmal bei diesem Wohnheim? Oder bei dieser
Einrichtung? Das ist gar nicht weit,
ich kann es empfehlen."

*Freundlichkeit,
Respekt, Mut und
Kompetenz, diese
Kombination hat mich
beeindruckt.*

Freundlichkeit, Respekt, Mut und
Kombination hat mich Kompetenz, diese Kombination hat
mich beeindruckt. Und das alles ge-

schah wie selbstverständlich, ohne erkennbare Selbst-überwindung, wie ein heiliger Reflex seines Charakters, über Jahre antrainiert und zugleich eine Wirkung von Gottes Geist.

Wenn ich also darüber nachdenke, was das heißt: *„Alles, was ihr tut, geschehe in Liebe"* – dann denke ich an Menschen wie diesen Studienfreund.

Prof. Dr. Matthias Clausen ist Professor für Systematische Theologie und Praktische Theologie an der Evangelischen Hochschule Tabor.

GERO COCHLOVIUS

Der alte Mann auf dem Fahrrad

Obwohl er schon vor ein paar Jahren verstorben ist, sehe ich ihn noch deutlich vor mir: den alten Mann auf seinem klapprigen Fahrrad! Oft bin ich ihm in unserm kleinen Dorf begegnet. Kein Wunder, denn er war jeden Tag unterwegs. Bei Wind und Wetter, bei Sturm und Regen, Hitze und Schnee. Ich kannte ihn flüchtig. Ein regelmäßiger Kirchgänger war er nicht.

Ein paar Wochen nachdem mir diese häufigen Fahrradtouren aufgefallen waren, spreche ich ihn einfach mal an. Es war so ein richtig ungemütlich-trüber

Nieselregentag. Er bremst, hält an, steigt ab. Ein kleiner Plausch am Straßenrand ergibt sich. „Moin! Wie geht's? Ich sehe Sie so oft mit dem Fahrrad. Ihnen macht der Regen wohl gar nichts aus? Sie haben so richtig Spaß am Fahrradfahren! Ein neues Hobby?" „Na ja, geht so …", so seine zurückhaltende Antwort. Ich hake nach: „Aber ich sehe Sie doch neuerdings fast jeden Tag!" Dann erzählt er: „Herr Pastor, haben Sie es denn nicht mitbekommen? Meine Frau ist doch seit einiger Zeit im Altenheim im Nachbarort! Und ich besuch sie jeden Tag. Mit dem Fahrrad. Autofahren geht nicht mehr. Das ist der Grund."

In den Monaten danach gab es immer wieder mal eine kurze Begegnung. Hin und wieder fragte ich ihn: „Na, wie geht es Ihrer Frau?" Jedes Mal wurden die Antworten trauriger. Die Demenz seiner Frau nahm beständig zu.

Eines Tages steht er da, und es kommen ihm die Tränen. Er zieht ein riesiges Taschentuch aus der Tasche, wischt sich flüchtig über das Gesicht. Mühsam unterdrückt er ein Schluchzen. „Herr Pastor, heute hat sie mich gar nicht mehr erkannt! Stellen Sie sich das mal vor! 53 Jahre sind wir schon verheiratet – und sie weiß nicht mehr, wer ich bin!" Ich versuche ihm ein aufmunterndes Wort mitzugeben und wünsche ihm viel Kraft.

Einige Zeit später. Wieder mal hörte ich schon von Weitem das monotone Klappern und die Schleifgeräusche seines rostigen Fahrrads. Es muss im Winter gewesen sein. Eisigkalt, Schneeregen. Der Mann sah mit seinen über 80 Jahren inzwischen schon genauso klapprig aus wie sein Drahtesel. Ich winkte ihm zu. „Oh, sind Sie immer noch so oft mit dem Fahrrad zu Ihrer Frau unterwegs?" – „Jeden Tag!" – „Wie geht's Ihrer Frau?" – „Immer schlechter. Sie erkennt mich nun überhaupt nicht mehr." Ich antworte: „Es berührt mich sehr, wie treu Sie dennoch Ihre Frau so regelmäßig besuchen. Wie Sie sich bei jedem Wetter, auch in Eiseskälte, auf den Weg machen! Alle Achtung! Sie haben meinen höchsten Respekt. Das ist ein großes Opfer, das Sie für Ihre Frau erbringen." Da schaut er mich mit großen Augen an: „Herr Pastor, das ist doch kein Opfer. Das ist Liebe!"

Liebe ohne Gegenliebe?

Dieser Satz traf mich tief. Hier war jemand so von Liebe zu seiner kranken Frau erfüllt, obwohl sie ihm fast nichts wiedergeben konnte. Meist noch nicht mal ein Lächeln. Und dennoch bewegte ihn die Liebe dazu, Tag für Tag unter großer Anstrengung die Kilometer zum Pflegeheim und zurück zu fahren. Fast vier Jahre lang, bis er starb.

Für mich ein Vorbild. Und ein Beispiel für das, was Paulus meint: *„Alles, was ihr tut, geschehe in Liebe!"* Liebe, die nicht berechnend ist. Liebe, die nicht fragt: Was hab' ich davon? Liebe, die nicht logisch ist. Liebe, die auch dann noch da ist, wenn sie nicht erwidert wird.

Vielleicht trifft es ein wenig, was der Dichter Antoine

de Saint-Exupéry so formuliert: „Die wirkliche Liebe beginnt, wo keine Gegenliebe mehr erwartet wird."

Aber dass Paulus noch hinzufügt: *„Alles*, was ihr tut ..." – ist das nicht doch zu viel verlangt? Wirklich alles? Ist das nicht übermenschlich? In der Tat: Eine solche Liebe ist über-menschlich, also mehr als menschlich. Sie ist göttlich. Und doch gibt Paulus es den Korinthern und uns als seinen Wunsch mit. Als Ziel. Als Orientierungspunkt. In dem berühmten Liebes-Kapitel 13 hat er diese göttliche Liebe entfaltet.

Ich frage mich: Können wir solch eine Liebe leben? Und zwar ohne dass ein moralischer Druck oder einfach ein Krampf daraus wird? Was kann mir helfen, zu dieser göttlichen Liebe im Alltag zu finden?

Der Blick auf Jesus

Paulus selbst zeigt in seinem Brief den Weg. Mit den letzten Worten weist er auf Jesus: „Die Gnade des Herrn Jesus sei mit euch! Meine Liebe ist mit euch allen in Christus Jesus" (1. Korinther 16,23f). Zum einen macht er damit klar: Wir leben ganz aus der Gnade und Vergebung. Auch wenn wir mit unserem Lieben und mit unserer Liebe immer wieder scheitern, immer wieder an Grenzen kommen, die alles andere als göttlich sind: Seine Gnade ist da! Und zum andern zeigt er: Wenn wir auf Jesus schauen und mit ihm verbunden sind, prägt das auch unsere Liebe. Denn auch Jesus hat geliebt, wo es keine Gegenliebe zu erwarten gab. Er hat uns Menschen geliebt, die wir so oft an „Gottes-Demenz", an „Gott-Vergessenheit" leiden. Er hat die geliebt, die ihn gar nicht mehr erkannt haben. Sein Weg war weiter und beschwerlicher als der mit dem Fahrrad zum Altenheim. Er kam vom Himmel auf die Erde.

Von seiner Liebe möchte ich meine Liebe inspirieren lassen. Mir kommt dabei ein unscheinbares Armband in den Sinn, das vor Jahren von vielen Jugendlichen getragen wurde und das es auch heute noch gibt, auch wenn es leider nicht mehr so „in" ist. Nur vier Buchstaben stehen darauf: „W. W. J. D." – „What would Jesus do?", „Was würde Jesus tun?". Wenn wir uns im Alltag an diese vier Buchstaben erinnern, kommt uns immer wieder Jesu Liebe in den Sinn. Und soweit wir uns davon leiten lassen, geschieht alles, was wir tun, in seiner Liebe.

Gero Cochlovius ist Pastor der ev.-luth. Martins-Gemeinde Hohnhorst.

Liebe macht den Unterschied

Wenn ich an wahre Liebesgeschichten denke, fällt mir Wilhelmina ein. Sie stammt aus dem Township Zandspruit in der Nähe von Johannesburg in Südafrika. Ich lernte sie und ihre Geschichte vor einigen Jahren bei einem Besuch kennen.

Wilhelmina wuchs in diesem berüchtigten Slumgebiet auf. Ein befreundeter Pastor erzählte mir, dass sich in dieses Gebiet nicht einmal Polizisten trauten, so gefährlich war es dort. Die Menschen wuchsen unter erbärmlichen Verhältnissen in Hütten auf, die ihren Namen nicht verdient haben. Nun stand ich mitten in diesem Township und Wilhelmina strahlte mir entgegen. Sie war vor vielen Jahren Christ geworden und blieb in ihrem Township, um dort einen Kindergarten zu gründen, damit es Kinder nach ihr besser haben würden als sie selbst. Mit Liebe und Leidenschaft schuf sie einen kleinen Friedensort mitten in diesem Elend. Gemeinden unterstützten sie und brachten ihr Lebensmittel, Kleidung und Material. So konnte sie ein kleines Gebäude nach dem anderen errichten. In Baucontainern wurden Klassenräume eingerichtet, in denen Kinder spielen und lernen konnten. In einem kleinen, aber soliden Haus lebten in wenigen Räumen über 100 Kinder. Aber sie waren glücklich und hatten einen sicheren Hort, in dem sie sein konnten.

Dass wir ungefährdet zu diesem Kindergarten fahren konnten, lag daran, dass diese Arbeit das komplette Township verändert hat. Die Arbeit war bekannt und Wilhelmina geschätzt. Die Liebe zu den Kindern und zu den Menschen im Township war in jeder Faser zu spüren.

Ich muss oft an dieses Erlebnis denken. Liebe kann alles verändern. Sie ist die beste Motivation für unser Handeln, die gesündeste Antriebskraft für unser Denken. Man kann nie zu viel lieben. Immer nur zu wenig. Das macht mich nachdenklich. Warum wird sie so viel besungen und so wenig gelebt? Warum gelingt es mir oft nicht, zu lieben und liebevoll mit meinem Umfeld umzugehen? Warum fällt Hassen so leicht und Lieben so unendlich schwer?

„Alles, was ihr tut, geschehe in Liebe." Was für eine Aussage! Was für eine ungeheure Messlatte! Dabei wäre es die Lösung für so viele Probleme. Liebe ist freundlich, nachgiebig, hoffnungsvoll, geduldig, verbindend, versöhnend, heilend. Liebe bringt Menschen zusammen. Jesus sagt, dass im sogenannten Doppelgebot der Liebe zu Gott und dem Nächsten alle Gesetze erfüllt sind. Wenn wir es beherzigen, beherzigen wir alles Wesentliche. Deshalb ist es das Beste, was uns geschehen kann, wenn wir unsere Liebestanks von Gott füllen lassen.

Unsere Liebestanks von Gott füllen lassen

Alles, was ihr tut, geschehe in Liebe. Alles? Wirklich alles? Das verändert unseren Alltag radikal. Dann sind es nicht nur die großen Dinge, die den Unterschied machen. Ich denke z. B. an die Mitarbeiterinnen und Mitarbeiter unserer Freizeithäuser und Tagungsstätten, die mit viel Liebe ihre Gäste umsorgen und ihnen einen angenehmen Aufenthalt bereiten. Ich denke an die freundliche Verkäuferin in der Bäckerei, die mir früh am Morgen ein Lächeln auf die Lippen zaubert, obwohl ich noch nicht richtig wach bin. Mir kommt unser kleiner italienischer Feinkostladen im Ort in den Sinn, in dem ein junges italienisches Ehepaar mit viel Herzblut und Liebe seine Köstlichkeiten anbietet. Und was für einen Unterschied macht es, wenn ich im Einwohnermeldeamt nicht auf griesgrämig dreinschauende Gesichter schaue, denen ich ganz offensichtlich lästig bin und die ihre kleine Macht, die sie haben, genüsslich ausspielen, sondern auf freundliche, serviceorientierte Mitarbeiterinnen und Mitarbeiter, denen es eine Freude ist, mir zu helfen.

Wie sehr die Auswirkungen der Liebe das tägliche Leben verändern, wird schnell klar, wenn man andere Lebensmottos daneben stellt: „Alles, was ihr tut, geschehe aus Eigeninteresse, Neid, Habgier." Auch wenn wir es nicht aussprechen würden: Oft ist unsere Motivation eine völlig andere. Liebe reiht sich als Motiv weit hinten ein. Umso hilfreicher, dass uns die Jahreslosung auf den entscheidenden Unterschied aufmerksam macht. *„Alles, was ihr tut, geschehe in Liebe."* Dieses Motto macht den entscheidenden Unterschied. Es verändert alles – im Kleinen und im Großen!

Klaus Göttler ist Generalsekretär des Deutschen EC-Verbandes, Kassel.

„Weil wir euch lieben, du Wichser"

Das Rudel taucht mitten in der Nacht bei uns im „Club Heilse" auf: eine kleine Gruppe chaotischer, kaputter Jugendlicher, die meisten von ihnen sturzbetrunken. Angeführt werden sie von einer Dreizehnjährigen, die es weidlich ausnutzt, noch nicht strafmündig zu sein. In den Stunden zuvor hatten sie unseren Stadtteil teilweise in Angst und Schrecken versetzt, nachts um zwei landen sie bei uns auf dem Grundstück.

Sie haben irgendwo gehört, dass unser Mitarbeiter Martin heute Dienst hat. Er ist ausgebildeter Krankenpfleger und soll den Chaoten verbinden, der am Arm stark blutet. Während Martin die Wunde säubert und den Verband anlegt, beginnen die Jugendlichen zu erzählen: Sie hatten zusammengesessen, getrunken und gekifft. Dann sind sie auf die Straße gezogen und haben sich einen Spaß daraus gemacht, Spiegel von Autotüren abzutreten. Sie hatten eine Telefonzelle demoliert, eine Schaufensterscheibe eingeschlagen, das Schloss einer Imbissbudentür geknackt und alles gestohlen, was an Alkohol im Regal stand, und es umgehend „vernichtet". Als Nächstes hatten sie ein Auto aufgebrochen.

Dabei hatte sich besagter Teenager verletzt. Also suchten sie in dem Auto nach dem Verbandskasten, fanden aber keinen – und so brachen sie das nächste Auto auf. Mit dem Verbandszeug zogen sie schließlich zum

„Club Heilse" und pochten an die Tür: „Martin, kannst du ihn verbinden?"

Nachdem Martin die Wunde versorgt hat, klingelt bei mir das Telefon. Eine aufgelöste Mutter ruft an. Ihre beiden Söhne gehören zu der Bande. Ob ich sie gesehen hätte. Ich kann sie beruhigen: „Ja, sie waren bei uns." Ob alles in Ordnung sei? Ich drücke mich so vorsichtig wie möglich aus: „Nun, der eine ist angetrunken." – Offen gestanden war er total besoffen. Trotzdem ist die Mutter entsetzt: „Aber der trinkt doch überhaupt nicht!" Ihre Stimme versagt und mir scheint, sie bekommt einen Asthmaanfall.

Unseren „Club Heilse" besucht ein sehr gemischtes Publikum. Mich freut besonders, dass keine dieser Gruppen die anderen „Fraktionen" rausgemobbt hat. Doch wenn Leute gewalttätig werden, weisen wir sie klar in die Grenzen: Die betreffenden Jugendlichen bekommen dann Hausverbot, auch wenn das die Ultima Ratio ist.

An einem fürchterlich kalten Wintertag kurz vor Weihnachten – es war die kälteste Nacht des Jahres – zogen die bereits erwähnten Randalierer wieder durch das Viertel und tauchten in der „Heilse" auf. Sie hatten sich an diesem Abend durch ihr Verhalten mal wieder völlig disqualifiziert: Zwar waren sie nicht gewalttätig geworden, hatten aber andere Gäste angepöbelt und die Mitarbeiter beleidigt. Die Atmosphäre wurde immer aufgeheizter. Irgendwann blieb nur ein letztes Mittel: Wir schlossen das Haus für den Rest des Abends, alle mussten gehen. Draußen vor unserem Haus ging die Randale aber weiter. Ein Jugendlicher aus der Gruppe pinkelte ans Nachbarhaus. Ein empörter Bewohner sprang infolgedessen durchs Fenster im Erdgeschoss und stellte ihn zur Rede. Sofort stürzten sich zwei, drei seiner Kumpels auf den Mann; sie rissen eine Latte von unserem Zaun und prügelten auf ihn ein. Dieser kletterte schließlich blutend durchs Fenster in seine Wohnung zurück. Wir überlegten, was wir machen könnten, um die aggressiven Teens auf der Straße zu beschwichtigen. Es war ja, wie gesagt, klirrend kalt in dieser Nacht. Da hatten wir die Idee, einen großen Topf Kakao zu kochen und ihn nach draußen zu bringen. Gesagt, getan.

Und wie wir so draußen stehen, alle einen Becher mit dem dampfenden Kakao in der Hand, ergibt sich ein Gespräch. Ein Jugendlicher fragt uns: „Warum macht ihr das denn noch, nach alldem, was wir heute verbockt haben?" Wir suchen nach Worten. Steffi, die netteste, ruhigste, zurückhaltendste und frömmste Mitarbeiterin, die eigentlich selten etwas sagt, findet als Erste ihre Sprache wieder. In trockenem und sehr glaubwürdigem Ton sagt sie: „Weil wir euch lieben, du Wichser."

Viele Fragen tauchten auf und tiefe Gespräche entwickelten sich in den darauffolgenden Wochen. Einige aus der Gruppe kamen dann ab und an in unseren Gottesdienst. In Chemnitz arbeitete die Heilsarmee mit den Jesus-Freaks zusammen. Da betet schon mal jemand: „Gott, ich finde dich so geil." Als Art Gegenpol hatten wir eine sehr fromme, brüdergemeindlich geprägte

Heilssoldatin in unserem Team. Ich fragte sie einige Monate nach einem ebensolchen Gebet einmal: „Schwester Martha, sind dir damals nicht die Ohren abgefallen?"

„Doch", antwortete sie, „aber Gott hat sie wieder drangemacht."

Eines Tages leitete genau diese Schwester unseren Gottesdienst: in sehr steifer Manier (zumindest aus der Perspektive der Jugendlichen). An einem alten Harmonium begleitete sie ein uraltes Lied aus dem Gesangbuch. Die Andacht erfolgte in einem solch salbungsvollen Ton, als würde die Weihnachtsgeschichte vorgelesen. Ich war an diesem Abend nicht anwesend, und abends rief meine Frau mich auf dem Handy an: „Weißt du was? Heute waren 24 aus der Gruppe im Gottesdienst. Beim Singen haben sie gefeixt und sich lustig gemacht. Dann begann die Andacht – und du wirst es kaum glauben: Es war noch nie so still."

Was macht unseren Auftrag also wirklich aus? Authentisch unsere Liebe zu Gott alltagstauglich übersetzen in die Begegnungen und Beziehungen, auf das *„Alles, was wir tun, geschehe in Liebe!"*. Egal wie viel Mist unsere Gegenüber verzapfen.

Voraussetzung ist aber immer:

Was tun wir an der Stelle von Martin, Steffi und Schwester Martha?

1. Unsere offenen Augen: Nehmen wir die Menschen noch wahr in all ihrer „Scheiße"? (So würden es zumindest unsere Freunde in der Heilsarmee Chemnitz sagen). Und 2.: Wie offen und herzlich gehen wir mit den Einzelnen um? Was

tun wir an der Stelle von Martin, Steffi und Schwester Martha?

Frank Heinrich war bis 2021 Mitglied des Deutschen Bundestages und ist Vorstand der Deutschen Evangelischen Allianz. (gekürzt aus: Thorsten Riewesell, Ines Emptmeyer (Hrsg.), „Hoffnungsträger", © Gerth Medien 2011.)

Eva Hobrack

Eine offene Tür

„Du, wir haben Post aus Israel bekommen! Ich habe den Briefträger an der Haustür abgefangen." Peter schwenkte einen Brief in der Hand. „Wohl Werbung für eine Reise?" Brigittes Interesse hielt sich sehr in Grenzen. „Nein, von Ralf", lautete Peters Antwort, und er lachte leise, als seine Frau sich wie elektrisiert aufrichtete. „Wirklich? Von Ralf? Mach schon auf!" Gespannt beugten sich dann beide über den Brief:

„[...] lange habe ich mich nicht gemeldet. Es geht mir gut. Allerdings komme ich mit meinen Studien an der Uni in Jerusalem nur schlecht vorwärts. [...] Heute wollte ich euch etwas Besonderes erzählen: Ich habe vor ca. 1 Jahr übers Internet eine Frau kennengelernt, Lea. Sie ist Jüdin. Wir lieben einander und werden in 8 Wochen auf Zypern standesamtlich heiraten. Ende Dezember haben wir beide noch einige Tage Urlaub. Wir möchten euch gern besuchen. Ich möchte Lea meine Heimat zeigen und sie mit euch bekannt machen. Seid ihr zu Hause? Dürfen wir kommen? [...]" Lange schwiegen die Eheleute, bis Brigitte ihre Gedanken äußerte.

„Ralf kommt nach Hause! Sein Weggang damals war eine bewusst vollzogene Trennung. Wie oft ich davon geträumt habe, dass er heimkehrt! Und nun bringt er eine jüdische Schwiegertochter mit! Was für ein besonderes Geschenk! Ich glaube, ich kann sie gut akzeptieren." Peter nickte. „Ja, ich auch. Ich finde, es ist ein Segen."

In den folgenden Wochen gingen Briefe hin und her. Einige organisatorische Fragen mussten geklärt werden. Dabei fanden sich – angedeutet und mehr zwischen den Zeilen – Hinweise, dass Lea nicht sehr begeistert war, in eine christliche Familie einzuheiraten.

Dann war es endlich so weit. Gespannt warteten die Eltern in der Ankunftshalle des Flughafens. Eine große, langstielige Rose, Lea zur Begrüßung überreicht, half wunderbar, die gewisse Beklommenheit bei dieser ersten Begegnung zu überwinden. Zu Hause angekommen wurden die beiden mit fröhlichem Hallo von den Geschwistern begrüßt. Locker plaudernd „beschnupperten" sich die jungen Leute. Dann gingen alle zu Tisch.

Brigitte erinnert sich später: „Während der Mittagsmahlzeit entwickelte sich eine gewisse Spannung, die ich mir nicht recht erklären konnte. Erst als Peter und ich in der Küche ‚klar Schiff‘ machten, kam es heraus. Ralf und Lea betraten die Küche: ‚Wir müssen mal mit euch reden. Ihr habt uns einen schönen Empfang bereitet, uns das Ankommen leicht gemacht. Aber nun gibt es doch eine Schwierigkeit. Dass wir als Juden in eurem Haus zu Gast sind, verstößt eigentlich gegen unsere Vorschriften, aber das nehmen wir in Kauf. Nur das dürfen und wollen wir nicht: mit euch beten, weil ihr Heiden seid.‘ Mir stockte fast der Atem, so erschütterte mich diese Aussage. Während Peter mit Ralf verschiedene theologische Ansichten diskutierte, betete ich inbrünstig um einen ‚rettenden Gedanken‘. Und nach einer Weile hatte ich ihn, glasklar und plausibel, sodass ich eine Rücksprache mit Peter gar nicht erwog. In einer Gesprächspause meldete ich mich zu Wort. ‚Wir freuen uns herzlich, dass ihr zu uns gekommen seid. Ihr sollt euch hier wohlfühlen. Wir können es doch so halten: Wenn ihr zur Mahlzeit mit uns am Tisch sitzt, spricht jeder, der es möchte, sein Tischgebet für sich allein!‘ Erleichtert lächelnd pflichtete Peter mir bei: Ja, das finde ich einen guten Kompromiss. Seid ihr einverstanden?‘ ‚Ja‘, war die einfache Antwort. In Ralfs Gesicht las ich Dankbarkeit und Erstaunen.“

Damit war die Geschichte aber noch nicht zu Ende. Es kam Protest vom Rest der Familie.

„Zu DDR-Zeiten habt ihr gesagt und es immer so gehalten: Das gemeinsame Tischgebet ist auch ein Zeichen und ein Bekenntnis. Und nun???“

Betroffen schauten die Eltern einander an. Dann er-

„Zu DDR-Zeiten habt ihr gesagt: Das gemeinsame Tischgebet ist auch ein Zeichen und ein Bekenntnis. Und nun???"

griff Brigitte das Wort: „Ja, dazu stehen wir. Erst kürzlich hatten wir im Urlaub in wildfremder Umgebung eine gute Begegnung, die durch unser Tischgebet zustande kam. Aber man darf natürlich nicht vergessen: Ein Gebet ist immer und vor allem eine persönliche Anrede. Es ist mein Kontakt mit Gott und keine Demonstration. Was unser Verhalten Ralf und Lea gegenüber betrifft: Er hat uns und unserem Glauben vor Jahren den Rücken gekehrt. Dadurch sind Schranken entstanden. Nun ist er nach Hause gekommen, zu Besuch. Sollten wir da, statt die Trennung zu befestigen, nicht lieber eine Tür offenhalten? Auf die Idee zu diesem Kompromiss bin ich beim Beten gekommen. So ist dieser Vorschlag eine direkte Gebetserhörung. Und was das Wichtigste ist: Er erfüllt ganz unmittelbar das Gebot der Liebe."

Dr. Eva Hobrack, Lutherstadt Wittenberg, ist Fachärztin für Lungenkrankheiten i. R.

„Tante Martha"!

Meistens wird das Handeln von uns Menschen an den Taten und Erfolgen gemessen, die jemand hat. Wir wollen etwas erreichen. Schon kleine Schulkinder wollen tolle Ergebnisse erzielen und wir werden gelobt, wenn sie gute Zensuren mit nach Hause bringen. Später werden die Ergebnisse anders gemessen: Erfolgreich ist, wer gut verdient, sich etwas leisten kann und bei den Leuten gut angesehen ist. Wer ganz gut ist, über den schreiben die Zeitungen oder er kommt auch mal ins Fernsehen. Vielleicht gibt es einen Wikipediaeintrag oder nach dem Tod einen großen Nachruf, und dann war das ein großer Mensch. Und wenn wir darüber nachdenken, wer im kollektiven Gedächtnis dieser Welt bleibt, dann sind das genau solche Menschen. Schön, wenn wir den einen oder anderen von ihnen persönlich gekannt haben.

Auch mir fallen solche Leute ein und ich denke gern an manche dieser Begegnungen zurück. Es waren manchmal Menschen, über die die Zeitungen geschrieben haben, die in aller Munde waren, aber auch Menschen, die ich eigentlich bis dahin gar nicht kannte und deren Bedeutung ich erst in der Begegnung erkennen konnte. Im Nachhinein empfand ich es als Glück, einem so bedeutenden Menschen begegnet zu sein.

Zum Beispiel sind meine Frau und ich ganz unverhofft dem ersten Botschafter Israels in Deutschland,

Asher Ben Natan, begegnet. Er war als Redner auf einer Konferenz eingeladen, bei der ich am Rand dabei war. Ich wunderte mich schon, wie bescheiden der Botschafter auftrat. Er kam ohne Personenschutz, ohne Dienstwagen, einfach mit dem Zug. Am Ende der Konferenz musste der „Ex-Botschafter", wie er von der Konferenzleitung angesprochen wurde, zur Bahn gebracht werden. Ich bot an, diese Fahrt zu übernehmen. Weil aber noch Zeit war, lud ich ihn zu uns nach Hause ein und wir tranken noch zusammen Kaffee. Dabei erzählte er aus seinem Leben und nebenbei erwähnte er, dass er nicht nur Botschafter war, sondern zurzeit „Sonderbotschafter Israels" für besondere Angelegenheiten. Er hatte nach dem Krieg in Israel den Mossad mit aufgebaut und war für das heutige Israel ein wichtiger Wegbereiter. Diese Stunde mit ihm werden wir beide nicht vergessen.

Allerdings kann man die innere Haltung berühmter Leute oft nur schwer beurteilen. Manches wird in Berichten über sie deutlich, aber meistens werden die Dinge beschrieben, die die Menschen geleistet haben und die ihre Bedeutung ausmachen. In unserer Jahreslosung geht es aber nicht in erster Linie um Erfolge und Leistung, sondern um die Haltung, in der Menschen leben und in der etwas getan wird.

Und da wurde ich an jemand ganz anderes erinnert. Es ist unsere Kindergottesdienstleiterin. Sie war eine Diakonisse aus dem Friedenshort und in unserem Dorf als Gemeindeschwester tätig. Sie war nur ca. 1,60 m groß, war im Dorf immer zu Fuß unterwegs und kannte eigentlich jeden. Alle Kinder liebten sie, und wenn sie diese auf der Straße traf, holte sie fast immer irgendetwas Süßes aus der anscheinend riesigen Tasche ihrer Diakonissentracht. Es gab kaum einen Sonntag, wo sie nicht den Kindergottesdienst hielt und in großer Liebe die Geschichten von Jesus erzählte. Sie durfte als Rentnerin schon mal in den Westen fahren – für uns in der DDR damals ja etwas ganz Besonderes. Für den Kindergottesdienst kam sie extra einen Tag früher zurück, weil ihr die Kinder wichtig waren. Sie kümmerte sich aber auch um die Alten. Für jeden hatte sie ein gutes Wort – was nur geht, wenn man zu Fuß im Dorf unterwegs ist. Kaum ein Mensch ist in unserem Dorf gestorben, den Schwester Martha nicht besucht hatte, und oft saß sie als Sterbebegleiterin an den Betten auch ganz unkirchlicher Leute.

Als ich schon im Pfarramt war und sie im wohlverdienten Ruhestand lebte, besuchte ich sie einmal in ihrem Zimmer im Diakonissen-Mutterhaus in Heiligengrabe. Es war am Vormittag. „Nun beginnt für mich die schönste Zeit des Tages", sagte sie. „Jetzt ist die Morgenroutine erledigt und ich habe Zeit. Dann lese ich meine Bibel, denke an all die Menschen, die ich kenne, und bete für sie. Erzähl mir doch, wie es euch geht!" Und dann hörte sie zu, fragte nach und wollte wissen, ob ich von diesem und jenem etwas weiß. Oft waren es Namen, die ich gar nicht mehr kannte – von Leuten, die bei uns im Kindergottesdienst gewesen waren, zu denen ich aber keinen Kontakt mehr hatte. Sie wollte alles wissen, sie nahm Anteil und erzählte mir ihrerseits von den Menschen, die sie von früher kannte, und wusste oft mehr als ich von den einzelnen.

Ich hatte nicht den Eindruck, bei einer alten Frau zu sitzen, die ich ein wenig trösten muss. Nein, hier in diesem kleinen Zimmer ging das Fenster zur Welt auf. Da war eine Frau mit einer großen Liebe zu den Menschen. Und alle diese Menschen und ihre Anliegen brachte sie vor Gott. Kein einziges Wort über ihre Krankheiten, keine Klage, dass der Horizont eng geworden wäre. Ich spürte eine große Weite und hatte den Eindruck eines reich gesegneten Lebens. Die Liebe zu den Menschen war ihr Antrieb. Diese Liebe behielt sie bis zu ihrem Lebensende.

Ich wünsche mir ein Stück von dieser Menschenliebe auch für mich.

An diesen Vormittag bei „Tante Martha" denke ich noch heute gern zurück und wünsche mir ein Stück von dieser Menschenliebe auch für mich. Diese kleine Frau ist bis heute für mich eine ganz Große im Reich Gottes!

Pfarrer Reinhard Holmer lebt im Ruhestand in Serrahn.

Jetzt stehen wir in der ersten Reihe

Wir stehen jetzt in der ersten Reihe. Das Gefühl ist noch neu und ungewohnt für mich. Zum Glück stehe ich da nicht allein. Meine Frau steht neben mir. Darüber bin ich sehr froh. Noch schlimmer wäre es, so stelle ich mir vor, allein in der ersten Reihe zu stehen.

Die Reihe, die bis vor kurzer Zeit noch geschlossen vor uns stand, ist einfach gestorben. Nicht alle auf einmal, aber doch in relativ kurzem Zeitabstand. Einer nach dem anderen.

Die Zeit ist so schnell vergangen. Unsere Eltern wohnten beide in unserem Ort oder, besser gesagt, wir sind in dem Ort unserer Eltern geblieben. Jeder hatte sein eigenes Haus, aber bei Bedarf waren wir in wenigen Minuten beieinander. Wir fühlen uns dort wohl, lieben die Menschen und die Landschaft. Das Zusammenleben mit den Eltern war sehr schön und manchmal auch etwas nervenaufreibend. Aber im Großen und Ganzen war es einfach wunderbar. Auch für unsere drei Kinder war das herrlich. Die Großeltern im Ort. Kein Geburtstag ohne volle Familientafel. Was wir als Eltern kritisch sahen, ging bei den Großeltern immer. Was hätten wir ohne sie getan? Wie oft sind sie eingesprungen, wenn es nötig war. Haben kranke Kinder gehütet, sie lecker bekocht, oft viel mehr Geduld aufgebracht als wir. Es waren einfach wunderbare Großeltern. Sie haben unser aufregendes und manchmal etwas chaotisches Leben mitgetragen.

Meine Schwiegereltern hatten unseren Haustürschlüssel. Na klar, für den Notfall. Aber mein Schwiegervater hatte auch kein Problem damit, am Wochenende sehr früh am Morgen in unserem Schlafzimmer vor unseren Betten zu stehen. Gut gelaunt und voller Ideen: „Was, ihr schlaft noch? Wisst ihr, was wir heute erledigen könnten?" Da konnte mir der Kragen schon mal platzen. Aber im Nachhinein muss ich darüber lachen. Er hat mich wie seinen eigenen Sohn behandelt. Das war für mich das Größte und ich habe es genossen. Denn 15 Jahre ohne Vater hinterlassen ein großes Loch. Er hat es mit ausgefüllt. Das hat mir viel bedeutet. Ich fühlte mich auch später in all seinen Lebenslagen verantwortlich für ihn.

Er ist als Erster gegangen. Der Krebs hatte ihm zugesetzt und seine letzten Jahre waren nicht einfach. Seine letzten Tage sind für mich unvergesslich. Wir waren alle zusammen bei meinen Schwiegereltern. Unsere drei Kinder, meine Frau und ich. Wir haben zusammen gelebt, zusammen gelacht, zusammen geweint und alles erzählt, was uns wichtig erschien. So viele Erinnerungen haben wir aufleben lassen. Tatsächlich hat er uns noch mal etliche Witze zum Besten gegeben. So war er. Es waren wertvolle Tage für uns als Familie. Wir waren so eng zusammen und hatten das Gefühl, die Zeit bleibt stehen. Das hatte ich noch nie erlebt, so ein friedliches Ende. Mein Schwiegervater hatte keine Angst vor dem

Tod, er ist einfach rübergegangen. Auch heute rufen wir uns diese himmlischen Tage immer wieder in Erinnerung, was für ein Erlebnis.

Mein Vater, eigentlich mein Stiefvater, war ein ganz besonderer Mensch. Ich bin ihm für alles, was er für mich getan hat, von ganzem Herzen dankbar. Als ich mit 15 Jahren nach Deutschland kam, konnte ich so gut wie kein Wort Deutsch und kannte außer meiner Mutter niemanden. Er war für mich da. Vom ersten Augenblick an. Er arbeitete als Kohlenträger in Berlin-Kreuzberg. Harte Arbeit war für ihn das Normale. Als ich 2005 mein Bundestagsmandat bekam und nun regelmäßig in Berlin aufschlug, dachte ich viel an ihn. Wenn ich in Kreuzberg in seinem Kiez durch die Straßen ging, stellte ich mir sein Leben vor. Inzwischen wohnte er schon viele Jahre in Baden-Württemberg. Für meine Mutter war er ein guter Begleiter. Er starb ganz allein. Schnell und ohne Brimborium. Das passte zu ihm. Ich weiß nicht, wie seine letzten Minuten waren, niemand hat seine Hand gehalten oder seine Wange gestreichelt. Ich war leider nicht bei ihm.

Fast nahtlos wurde der Pflegeaufwand mit meiner Mutter immer größer. Durch die Sitzungswochen in Berlin und meine zahlreichen Reisen auf den Balkan war meine Frau fast allein für alles zuständig. Problematisch war, dass die Demenz bei meiner Mutter rasant zunahm. Wir entschieden uns für ein schönes Altenpflegeheim. Die Kommunikation mit meiner Mutter war schwer. Nicht nur die Demenz setzte ihr zu, sie sprach nicht mehr Deutsch und verstand es auch nicht mehr. Alle Worte waren weg. Ihre Sprache war ihre Muttersprache, Kroatisch. Also konnte sie sich mit keiner der Pflegekräfte verständigen. Das war furchtbar. Was für ein Albtraum. Als ich meiner Familie in Kroatien davon erzählte, haben mir alle geraten, sie dorthin zu bringen. Ein schönes Heim in ihrem Geburtsort. Das erschien uns eine gute Lösung. Zurück in die Heimat. Verstanden werden. In all unsere Pläne und Lösungen kam Corona. Wir konnten sie auf einmal nicht mehr besuchen. Das war für mich unvorstellbar.

Es war ein Sitzungstag im Winter in Berlin. Nicht nur der Deutsche Bundestag tagte, sondern auch die Parlamentarische Versammlung in Brüssel. Also bin ich von einer Präsenzsitzung in Berlin in die nächste digitale Sitzung nach Brüssel gehüpft und zwischendurch gab es unzählige Termine. Ich hatte den Kopf so voll mit viel zu viel Kram.

Und dann kam die Nachricht, meine Mutter hat Corona. Und dann kam eine nächste Nachricht, meine Mutter liegt im Krankenhaus. Und dann kam eine letzte Nachricht, meine Mutter ist gestorben.

So sollte kein Leben zu Ende gehen. Und doch haben genau das viele Menschen in den letzten Jahren erlebt. Corona hat für Sterbende und Trauernde zu einer furchtbaren Situation geführt. Und ich bemerke fast täglich, wie wichtig für mich ein Abschied gewesen wäre. Meine Trauerarbeit ist so schwer. Gedanken, wie meine Mutter ihre letzten Stunden verbracht hat, lähmen mich heute noch. Ich konnte nichts tun. Gar nichts.

Parallel pflegte meine Frau meine Schwiegermutter. Aufwendig, liebevoll, aufopfernd. Schwer erkrankt hat sie sich in den Tod gekämpft. Begleitet von ihren Lieben.

Und dann war die erste Reihe frei. Und wir rückten gemeinsam vor. Meine Frau und ich. Unsere Kinder wohnen alle in unserer Nähe und wir sind die Großeltern. Wir sind glücklich mit unseren Enkeln. Unser Leben ist schön. In der Liebe meiner Eltern und Schwiegereltern habe ich die Liebe Gottes sehen können. Jetzt wollen wir, in der ersten Reihe, diese Liebe an unsere Kinder und Enkel weitergeben.

Josip Juratovic ist seit 2005 Mitglied des Deutschen Bundestages.

JÖRG KAILUS

Ein Haus ohne Liebe?

Wie ist ein Haus ohne Liebe?

Vielleicht ist es groß und prächtig, fest gebaut und großartig eingerichtet. Aber alle Lampen und Leuchter vertreiben niemals seine Schatten und der Besucher fröstelt, auch wenn er direkt am Kaminfeuer steht.

Vielleicht hat es viele Bewohner, aber Heimat hat keiner. Sie sind nebeneinander einsam, in fieberhafter Betriebsamkeit oder resignierter Lethargie, jeder allein, gefangen tief unten im Brunnen seiner Persönlichkeit. Das Haus ist voller Bilder, doch abgebildet ist immer nur eine einzelne Person.

Wie ist ein Mensch ohne Liebe?

Vielleicht wie eine Kerze, niemals entzündet.

Wie ein hoch gewachsener Weihnachtsbaum in der Ecke des Zimmers, geschmückt mit den schönsten Kugeln, dem herrlichsten Zuckerwerk und Lametta, aber vergessen von allen, ohne Lichterglanz, Weihnachtslieder und Kinderlachen, bis zu dem Tag, an dem seine Nadeln fallen.

Wie ein Kristallgefäß, irgendwo ganz hinten in der Vitrine, gedacht für edlen Wein, das niemals Gläser gefüllt hat, weil es selbst niemals mit Wein gefüllt worden ist.

Wie ist eine Gemeinde ohne Liebe?

Vielleicht ein beeindruckendes Gebäude mit Buntglasfenstern, sakraler Kunst und imposanter Orgel.

Oder ein nicht weniger beeindruckendes Gemeindezentrum im Gewerbegebiet mit fünfzehnhundert Sitzplätzen, modernster Musiktechnik und Simultanübersetzung in ein Dutzend Fremdsprachen.

Oder auch ein altes oder modernes Gebäude, dessen innere Armut auch äußerlich offensichtlich ist.

Pastor Heinrich Kemner sprach gern über den Unterschied zwischen Erfolg und Frucht. Erfolg können wir Menschen machen. Frucht muss geschenkt werden. Erfolg ist möglich ohne Liebe, aber Frucht niemals. Die Liebe selbst ist Geschenk, ist Frucht des Heiligen Geistes (Galater 5,22).

Dr. Jörg Kailus ist Theologe und Buchautor und lebt in Oberhausen.

ALBRECHT KAUL

Der Liebe zu den Menschen ausgeliefert (das ungewöhnliche Leben der Jutta Weber)

In dem kleinen Ort Bärenwalde im Erzgebirge trifft sich eine Baptistengemeinde jeden Sonntag zum Gottesdienst, anschließend isst man gemeinsam in einer Familie. Die kleine Halbweise Jutta ist von den Geschichten der Bibel fasziniert, weil ihre Oma sie so lebensnah erzählen kann. Heute ist im Gottesdienst davon die Rede gewesen, dass man Gott sein ganzes Leben übergeben muss. Viele Ältere haben das schon öfters gehört und sicher hat es auch mancher getan. Nachdem beim Essen noch einmal darüber gesprochen wurde, setzt sich

Jutta auf das Schaukelpferd der Familie und verspricht Gott, dass sie ihr ganzes Leben mit ihm zusammen sein will. An diese kindliche Bekehrung auf dem Schaukelpferd muss sie immer wieder denken und sie war wie ein Muster für alle Entscheidungen in Juttas Leben.

Als die sozialistische und atheistische DDR im Erzgebirge die Regierung übernimmt, ist für das inzwischen zehnjährige Mädchen klar, dass sie zuerst ihrem Heiland die Treue halten will und sich nicht mit einem gottlosen Staat gemein machen kann. Eines Tages weiß sie, dass sie Missionarin werden will. Von dem Elend und der religiösen Bevormundung der Menschen in Indien ist sie besonders bewegt. Ja, sie will Missionarin in Indien werden. Doch das geht nicht in dem Staat, der die Menschen einsperrt und sie nicht ausreisen lässt. Auch die Gemeindeleiter wollen ihr den unrealistischen Gedanken ausreden, doch Jutta weiß: Wenn Gott etwas will, dann kann er es auch tun. Aber will er denn, dass sie Missionarin wird? Um das herauszufinden, beantragt sie mit 19 Jahren die Ausreise aus der DDR. Das Wunder geschieht, sie bekommt die Genehmigung, nach Wuppertal zu gehen, um sich in einer freikirchlichen Schwesternschaft ausbilden zu lassen. Viele Jahre muss sie einfache Dienste tun, weil ihr niemand zutraut, im Ausland selbstständig zurechtzukommen. Für Jutta eine harte Glaubensprobe, aber sie will dem Herrn gehorsam sein, was für sie auch Gehorsam und Geduld der Schwesternleitung gegenüber bedeutet.

Schließlich, nach Einsegnung als Diakonisse, mehreren Zusatzausbildungen und Sprachkursen, geht es im Frühjahr 1968 nach Indien. Aber der Subkontinent ist nur Zwischenstation, das Ziel ist Nepal. Jutta ist zwar irritiert wegen ihrer Berufung nach Indien, aber sie sagt sich: „Aus Gottes Sicht liegen Indien und Nepal ja direkt nebeneinander, er nimmt das vielleicht nicht so genau." Abenteuerlich in einem kleinen Flugzeug geht es ins Mittelland Nepals. Sie wird als Missionsschwester in ein Leprakrankenhaus in den Bergen um Pokara geschickt. Die Not der Patienten ist unvorstellbar. Die Lepra hat sich bis in die einsamen Bergdörfer ausgebreitet. Den Menschen sterben Finger und Zehen ab und das Gesicht entstellt sich. Weil die befallenen Zehen gefühllos werden, kommen nachts die Ratten und fressen die Zehen an, dann stellen sich schlimme Infektionen ein. Die Kranken werden zu Außenseitern und von allen im Dorf gemieden. Mit einigen Helfern ist Jutta wochenlang unterwegs in den Bergen, um in den Dörfern, den Schulklassen und auf einsamen Gehöften Leprakranke zu finden. Schließlich wird in den Siebzigerjahren ein Serum gegen Lepraerreger gefunden und die furchtbare ansteckende Krankheit wird heilbar – allerdings ohne dass sich die Deformationen zurückbilden. An plastische Chirurgie ist in Nepal vorläufig nicht zu denken.

Weil die einfachen Bergbauern dem medizinischen Fortschritt nicht trauen und die verkrüppelten Menschen für Landarbeiten nicht zu gebrauchen sind, werden sie ausgestoßen, davongejagt, irren als Bettler durch die Dörfer oder verkriechen sich in einer Stadt dort, wo der Müll abgeladen wird. Als Jutta das Rentenalter erreicht, kehrt sie nicht nach Deutschland zurück, sondern bleibt in Nepal, nimmt die nepalesische Staatsbürgerschaft an und baut eine Farm auf, eine Oase der Liebe für ungeliebte Menschen. Diese Geschöpfe Gottes sollen die Liebe Jesu erfahren und sie sollen versorgt sein.

„Ich kann doch nicht in Rente gehen, wenn hier so viel Not und Elend ist. Diese gequälten Menschen brauchen mich, ich bleibe bei ihnen, solange der Herr das will."

Die Farm beginnt mit einigen Hühnern, Gänsen und Ziegen. Da kann jeder mithelfen. Auch wer verkrüppelte Hände hat, kann Hühner füttern! Für die Feldarbeit werden Männer auf Zeit angeheuert, was besonders bei der Ernte nötig ist. Später kommen Büffel, Kühe und Schweine dazu. Ein Hund und ein Papagei als Wach- und Signalposten geben Sicherheit. Wasser kommt vom Fluss 30 m unterhalb und eine einfache Biogasanlage liefert das Gas zum Kochen. Strom gibt es nur, wenn die Nordseite des Flusses zugeschaltet wird.

„Ich kann doch nicht in Rente gehen, wenn hier so viel Not und Elend ist."

Auch eine Gemeinde ist entstanden. Nepalis werden Christen und erleben die Befreiung von einem traditionellen Naturglauben. Eine erste Kirche wird bald zu klein und die neue ist einfach, aber fasst an Festtagen schon mal 150 Personen. Am Weihnachtstag 2022 kamen 400 Besucher zum Gottesdienst und zum anschließenden Essen.

Jutta ist heute 86 Jahre alt. Körperlich wird es schwerer, die Anforderungen eines solchen Projektes zu stemmen, aber da gibt es Mitarbeiterinnen und Mitarbeiter, die kräftig mit anpacken. Doch die Liebe, die Jutta hierhergeführt hat, die strömt weiter von ihr aus und ist ein spürbarer Segen für das Land.

Albrecht Kaul ist Chinabeauftragter des CVJM-Gesamtverbandes in Kassel.
Über das Leben von Jutta Weber gibt es ein Buch, „Das Puzzle eines Lebens", zu beziehen nur bei Albrecht Kaul (albe.kaul@web.de).

STEFFEN KERN

Wenn das Sterben im Kalender steht

Einer meiner Nachbarn war ein großartiger Mensch. Ein Pensionär, im Wesentlichen kerngesund, ein freundlicher und liebenswürdiger Herr. Er pflegte seinen Garten und sein Auto. Ein schönes Auto! Und ein schöner Garten. Er ging wandern. Er interessierte sich für Kultur und Kunst und er engagierte sich da und dort. Als unsere Kinder noch klein waren, lachte er mit ihnen. Er fand immer ein freundliches Wort, war oft zu Späßen aufgelegt und spielte gerne mit seinen Enkeln, die er von Herzen liebte. Er war ein Menschenfreund. Ein Naturfreund. Er liebte den Norden, das Meer, die Berge, Skandinavien, die Klarheit der Luft, Bewegung. Ein gelehrter und zugleich äußerst nahbarer Mensch. Er war klug und heiter. Sportlich. Gesellig. Lebensfroh.

Mit einem Mal merkte er, dass manche Bewegungen schwerer fielen. Seine Glieder gehorchten ihm nicht mehr. Irgendetwas stimmte nicht in seinem Körper. Nach einigen Untersuchungen erhielt er die niederschmetternde Diagnose. Sie kam einem Todesurteil gleich: ALS, Amyotrophe Lateralsklerose, eine Erkrankung des motorischen Nervensystems. Der Verlauf der Krankheit ist verheerend.

Nach und nach versagen Nerven und Muskeln ihren Dienst. Die Bewegungen werden zuerst ungenauer und ungelenker, dann geht immer weniger, und zum Schluss geht nichts mehr. Gehen, Stehen, Sitzen, Essen, Trinken, Reden – alles schwindet. Nur das Denken nicht. Der Kopf bleibt klar. Mein Nachbar erlebte den Verfall seines Leibes bei vollem Bewusstsein und glasklarem Verstand. Er war braun gebrannt, muskulös, durchtrainiert. Er war einer, der Berge bezwingen konnte und manch Jüngeren locker abhängte. Aber ALS macht alles binnen kürzester Zeit zunichte. Wie gnadenlos und unbarmherzig eine Krankheit sein kann! Und das im Laufe von Monaten. Von der Diagnose bis zum Tod kann man etwa ein Jahr rechnen, bei manchen geht es schneller, bei anderen langsamer.

Bei ihm ging es ein knappes Jahr. Woche für Woche konnten wir zusehen, wie er abbaute. Seine Frau versorgte ihn treu und liebevoll. Auch sie musste zusehen, wie er litt. Hilflos und machtlos. Die Kinder mussten zusehen. Und die Enkel. Und alle litten mit. Sein Jahr des Abschieds hatte mit der Diagnose bereits begonnen.

Die letzten Monate musste er beatmet werden. Über zwanzig Stunden am Tag war er zuletzt von einem Beatmungsgerät abhängig. Die Lungen wurden aufgeblasen, weil er selbst nicht mehr die Kraft zum Atmen hatte. Die Schmerzen wurden stärker. Jeder Atemzug ein Schmerz. Jedes kleine Stück Leben eine Qual. Dennoch wollte er zu Hause bleiben. Den Beatmungsmaschinen der Krankenhäuser, den Sonden und Schläuchen der modernen Apparate- und Intensivmedizin wollte er sich nicht ausliefern. Schließlich fasste er einen Entschluss, der folgenreicher nicht sein konnte: Er entschied sich, sein Beatmungsgerät abzuschalten und zu Hause im Kreis seiner Familie zu sterben.

Der Termin stand im Kalender. Das Wochenende war markiert. Ein Freitagabend. An diesem Abend sollte es geschehen. Alle kamen. Die Kinder, die Schwiegerkinder, die Familie war da. Ein letzter Besuch. Zum letzten Mal nahm er alle Kraft zusammen und setzte sich mit seiner Familie zum Abendessen. Ein letztes Mal nahm er Platz am gedeckten Tisch. Ein letztes Mal saß er auf seinem Platz. Ein letztes Glas. Ein letztes Gespräch. Eine letzte Umarmung. Ein letzter Kuss. Letzte gemeinsame Tränen. Der Arzt kam und gab ihm ein Beruhigungsmittel. Dann ging er zu Bett und schlief ein.

Es war für mich ein Vorrecht, seine Beerdigung halten

zu dürfen. Während der Zeit seines Leidens, an seinem Sarg und an seinem Grab war immer wieder eine Frage da, mal mehr im Hintergrund, mal sehr präsent: Warum? Warum er? Warum jetzt? – Eine Frage, die ohne Antwort bleibt. Sie kann bohren und quälen. Sie kann schreien und uns leise begleiten. Und sie kann nach und nach verstummen. Denn neben allem Fragen war noch etwas zu spüren. Etwas, das größer war als alle kreisenden Fragen. Etwas, das sie aushielt, ihnen standhielt, sie sogar umfing. Im Leiden, im Sterben, im Trauern. Dieses Etwas war Liebe.

Die Liebe der Familie. Seine Liebe zu seiner Frau, seinen Kindern und Enkeln – und die Liebe von allen zu ihm. Der liebevolle Dienst der Ärzte und des Teams der Palliativ-Begleiter. Der Respekt, die Wertschätzung und das Mitgefühl von so vielen Weggenossen, von Kollegen, Nachbarn und Freunden. Die Liebe ist größer als alles – gerade, wenn ein Leben vergeht, ist etwas davon zu erahnen und zu spüren. Und in all dem auch die Liebe dessen, der das Leben gibt und auf den alles Leben zugeht. Gottes große, alles umfassende und durchdringende Liebe.

Mein Nachbar war kein sonderlich gläubiger Mensch, kein Kirchgänger oder eifriger Bibelleser. Aber er hatte Sinn für Schönheit. Die Farben und Formen, die Materialien und Stoffe – das war seine Welt. Kunst und Design. Die Ästhetik des Daseins. Das Leben jenseits des Nutzens und aller Nützlichkeit. Damit hatte er vielleicht mehr begriffen vom Wesen der Schöpfung und des Schöpfers als viele andere. Er hatte etwas von der Liebe erfasst, die alles umfängt – so umfängt, dass er in diese Liebe hinein diese Welt verlassen konnte.

Für Christenmenschen hat diese Liebe einen Namen und ein Gesicht: Jesus Christus. So sehr liebt Gott diese Welt, dass er ein Teil von ihr geworden ist – und wir Anteil an seiner ewigen Welt bekommen.

In diese Liebe hinein konnte er diese Welt verlassen.

Seine Liebe bewegt die Welt. Alles, was wir sind und tun, soll in dieser Liebe geschehen: unser Denken, unser Beten, unser Reden und unser Schweigen. Dazu braucht es Sinn für das Wesen Gottes, der uns und alles geschaffen hat. Wir brauchen Sinn für seine Liebe. Damit wir in ihr leben – und in sie hinein sterben.

Steffen Kern ist Präses des Evangelischen Gnadauer Gemeinschaftsverbandes.

Ursula Koch

Liebesgeschichten

Im Café mit den Plüschsesseln und den gerafften Scheibengardinen sitzen drei Frauen beieinander. Sie treffen sich seit vielen Jahren jeden ersten Mittwoch im Monat, um sich das Neueste zu erzählen – und wenn es nichts Interessantes zu erzählen gibt, dann unterhalten sie sich über die anderen Gäste, die gemütlich ihren Kaffee schlürfen.

„Schau mal: die beiden da drüben!" Ein alter Herr sitzt ihnen zugewandt. Er lächelt eine Frau an, die ihm gegenüber Platz genommen hat. Sein Gesicht strahlt vor Freude. Er umfasst mit beiden Händen die Schultern seiner Partnerin und führt dann ihre rechte Hand mit Grazie an seine Lippen.

„Na, das ist doch was", sagt Monika, „Alter schützt vor Torheit nicht …"

„Wieso denn das? Ich finde es schön, wenn einer seine Frau auch noch als alter Mann zärtlich behandelt."

„Von wegen! Der hat doch seine Alte abgeschafft und sich junges Blut gesucht."

„Sie müsste sich mal umdrehen", meint Gisela, die älteste von ihnen. „Vielleicht ist sie gar nicht jung, immerhin sind die Haare schon ziemlich grau, vielleicht sind sie beide verwitwet."

„Na ja … Du suchst doch immer das Gute im Menschen." Monika bleibt skeptisch, und Gertrude, die dritte, wiegt bedenklich den Kopf. Ihr Mann ist vor zwei Jahren verstorben und – nein! – eine neue Beziehung könnte sie sich nicht vorstellen.

Gisela pflegt ihren Mann, der schwerbehindert ist. Monika ist seit Jahren geschieden. All drei beobachten, wie der weißhaarige Kavalier mit viel Lachen seinem Gegenüber etwas erzählt.

„Auf jeden Fall: Es gibt auch Glück und Liebe im Alter", sagt Gisela und lächelt versonnen. „Ich erzähle euch mal eine meiner Liebesgeschichten." Die andern staunen. „Da hast du uns wohl etwas verheimlicht?"

„Ach, i wo! Ihr kennt doch meinen jüngsten Enkel, jetzt ist er 12. Aber als er zwei Jahre alt war, bin ich immer einmal in der Woche zu der Familie gefahren – es hatten die andern ja keine Zeit! – und wir haben einen Tag lang alles gemacht, wozu wir Lust hatten. Das fand er so schön, dass er mich schon an der Tür erwartete. Und dann durfte uns auch die Mama nicht stören. Er schob sie mit seinen kleinen Armen regelrecht aus dem Zimmer. Wir machten Kissenschlachten und gingen Enten füttern. Auf dem Spielplatz durfte er so lange rutschen, wie er Lust hatte, aber das Schönste war, wenn er seine kleine Hand in meine legte und sagte: ‚Oma, erzähl mir was aus dem Märchenland.' Eigentlich erzählten wir dann beide, denn wir haben gemeinsam unsere Geschichten erfunden. Es waren viele glückliche Stunden, die wir miteinander verbrachten, und manchmal schimpfte die Mama, weil wir zu spät nach Hause kamen."

„Aber das ist doch keine Liebesgeschichte, Gisela!"

„Was verstehst du denn unter Liebe?", fragt Gisela zurück. „Es passt doch alles: die zärtliche Berührung, Freude miteinander haben, einander gewähren lassen, Erinnerungen, die nur uns gehören …"

Eine Weile schweigen sie. Dann fängt Gertrude an zu kichern. „Du hast völlig recht, Gisela, es gibt wunderbare Liebesgeschichten! Vor unserem Supermarkt stand lange Zeit ein asiatisch aussehender junger Mann. Er bettelte nur scheinbar. Wenn man genauer hinsah, konnte man erkennen, dass er unversteuerte Zigaretten verkaufte. Wir haben uns unterhalten. Es war gerade, als mein Mann gestorben war. Ich fürchtete mich in der leeren Wohnung. Ich brauchte Menschen um mich, und immer, wenn ich kam, lief er mir entgegen. Ich schenkte ihm ein paar Cent und er schenkte mir – nein, keine Zigaretten: Schokolade! Er lachte dabei, obwohl er in seiner dünnen Jacke fror. Und er fragte: ‚Wie geht's?‘ Ich sagte nur: ‚Ich bin traurig.‘ Da schaute er betreten zu Boden. Ich glaube, er hätte mich in den Arm genommen, wenn da nicht so viele Leute gewesen wären. Als ich hustete, zog er Bonbons aus seiner Hosentasche. Die schmeckten scheußlich, aber es hat mir gutgetan, dass einer Bonbons für mich hatte. Wenn er nicht dastand, fühlte ich mich verlassen und machte mir Sorgen. Lange Zeit kam er auch nach ein paar Tagen Abwesenheit immer wieder und ich freute mich. Aber irgendwann blieb er verschwunden. Glücklicherweise bekam ich zu dem Zeitpunkt Besuch von meiner Tochter. Und dann bin ich in einen anderen Supermarkt einkaufen gegangen."

„Ich werde dich bei der Polizei anzeigen!" droht Gisela lachend, und Monika schüttelt den Kopf: „Zu dieser Geschichte wäre mir nie die Überschrift ‚Liebesgeschichte‘ eingefallen."

„Aber warum nicht? Wir könnten doch nicht leben, wenn uns nicht Liebe an den unmöglichsten Orten und vom ersten Tag unseres Lebens an begegnen würde", erwidert Gertrude.

Jetzt richtet Monika sich auf. „Dann erzähle ich euch auch noch eine Geschichte. Und wenn ihr wollt, dann ist es eben eine Liebesgeschichte. Ihr werdet es nicht glauben: Es war meine Schwiegermutter, die Mutter meines Ex-Mannes! Als wir jung verheiratet waren, fand sie es furchtbar, dass ihr toller Sohn gerade mich genommen hatte. Und es ging dann ja auch schief. Nach der Trennung wollte ich sie nicht mehr sehen. Aber eines Tages bekam ich einen Anruf von ihrer Tochter, meiner ehemaligen Schwägerin. Sie erzählte mir, dass ihre Mutter im Pflegeheim liege und wie es dazu gekommen war – und dann fragte sie auf einmal: ‚Könntest du dir vorstellen, sie zu besuchen? Sie spricht so oft von dir, es lässt ihr keine Ruhe, was ihr Sohn dir angetan hat.‘ Ich erbat mir Bedenkzeit, aber dann bin ich hingegangen. Und mit diesem Besuch begann es. Sie wollte genau wissen, wie es mir ging. Ich konnte ihr alles erzählen, was mich bewegte. Obwohl sie schon sehr schwach war, machte sie mir bei jedem Besuch ein kleines Geschenk. Hier, dieser Ring ist von ihr. Und als es nach etwa einem Jahr zu Ende ging, saß ich an ihrem Bett. Die Schwestern riefen mich an, weil die Sterbende danach verlangt hatte. Und dann bat sie mich um Verzeihung, dass sie mit daran Schuld gehabt habe, dass unsere Ehe scheiterte. Ich glaube das gar nicht, aber für sie war es wichtig, dies Bekenntnis auszusprechen. Sie ist in Frieden eingeschlafen, ich hielt ihre Hand. Und ihr werdet es nicht glauben: Ich war glücklich darüber, bei ihr sein zu können."

Eine Weile bleiben die Freundinnen still. Der alte Mann gegenüber zahlt gerade und steht auf. Er hat Schwierigkeiten beim Laufen, aber er holt den Mantel seiner Frau und hilft ihr hinein. Als sie sich anzieht, dreht sie sich um. „Die ist ja uralt", rutscht es Monika heraus. Die andern beiden lachen. „Wisst ihr was? Wir sollten einander öfter mal ‚Liebesgeschichten' erzählen", sagt Gisela.

Ursula Koch ist Schriftstellerin und Pädagogin und lebt in Berlin.

THOMAS KRÖCK

In Liebe handeln – mit globaler Perspektive

Paulus ist mit seinem langen Brief an die Gemeinde in Korinth schon fast fertig und dann kommen zwischen den Informationen über seine Reisepläne und Grüßen an die Gemeinde noch einige kurze Ermahnungen, mit denen er seine Anliegen zusammenfasst. Dazu gehört auch der Satz, der für dieses Jahr als Jahreslosung ausgewählt wurde: *„Alles, was ihr tut, geschehe in Liebe"* (1. Korinther 16,14).

In seinem Brief an die Gemeinde in Korinth hat der Apostel Paulus viele Themen und Probleme angesprochen. Die Gemeindeglieder waren hinsichtlich ihrer Herkunft und Prägung ganz unterschiedlich und gehörten unterschiedlichen sozialen Schichten an. Es gab einige reiche Familien, in deren Häusern sich die Gemeinde treffen konnte, aber die Mehrheit der Gemeindeglieder kam aus der armen Unterschicht. Das führte zu Spannungen und Konflikten in der Gemeinde, auf die Paulus in seinem Brief eingeht. Es ging dabei unter anderem darum, ob Christen Fleisch essen dürfen, das Götzen geopfert wurde (Kapitel 8), wie unterschiedliche Begabungen zum Zug kommen (Kapitel 12 und 14) und um die sozialen Unterschiede, die das gemeinsame Abendmahl störten (Kapitel 11). Damals bestand das Abendmahl nicht nur aus einer Oblate oder einem Stückchen Brot und einem Schluck Wein oder Traubensaft, sondern fand im Rahmen einer richtigen Mahlzeit statt, zu der jeder sich sein Essen mitbrachte. Während einige sich reichlich satt essen konnte, blieben andere hungrig. Diese Unterschiede führten dazu, dass sich einige Gemeindeglieder ausgegrenzt fühlten. Diese Konflikte wurden vermutlich nicht willentlich provoziert, sondern entstanden unbedacht aus Gedankenlosigkeit.

Diese und weitere Fragen, Probleme und Konflikte spricht Paulus in seinem Brief an. Neben verschiedenen Ratschlägen und Anweisungen nennt er die Liebe als Lösung. In Kapitel 13, das auch das „Hohelied der Liebe" genannt wird, beschreibt er, welche Bedeutung die Liebe hat und wie sie sich im konkreten Verhalten zeigt. Darauf bezieht sich auch die Aussage aus 1. Kor 16,14: Alles soll in Liebe geschehen. Das umfasst bewusste Handlungen, aber auch Verhaltensmuster und Gewohnheiten, für die wir uns nicht bewusst entscheiden.

Wir leben heute in einer globalisierten und vernetzten Welt, in der unser Handeln nicht nur die Mitglieder unserer Gemeinde, unsere Familienangehörigen, unsere Kolleginnen und Kollegen und Nachbarn betrifft. Ob wir es wahrnehmen oder nicht, es hat auch Auswirkungen auf Menschen in anderen Erdteilen und auf die gesamte Schöpfung. Wie in der Gemeinde in Korinth gibt es weltweit eine große Vielfalt an Prägungen und große soziale Unterschiede. Wenn wir unsere gewohnte Umgebung nicht verlassen, nehmen wir kaum wahr, dass der materielle Wohlstand, wie wir ihn in Westeuropa kennen, für die meisten Menschen ein Wunschtraum ist und wir zu den Reichen dieser Erde gehören.

Ich habe viele Jahre mit meiner Familie in Ostafrika gelebt und später im Auftrag der EC-Indienhilfe häufig Indien und Nepal besucht. Durch diese Erfahrungen weiß ich, dass es nicht selbstverständlich ist, sauberes Trinkwasser aus dem Wasserhahn zu bekommen, sich täglich satt essen zu können und Zugang zu guter medizinischer Versorgung zu haben. Diese Erfahrungen stärken auch das Bewusstsein dafür, dass die Liebe, die Gott in uns wirken will, nicht an der Wohnungstür oder der Landesgrenze enden darf, sondern allen seinen Geschöpfen weltweit gilt. Und dafür, dass unser alltägliches Handeln globale Auswirkungen hat.

Dazu möchte ich ein paar Beispiele nennen: Wir Deutschen konsumieren im Schnitt jährlich 90 kg Fleischerzeugnisse pro Person. Das ist doppelt so viel, wie aus ernährungsphysiologischer Sicht empfohlen wird, und neunmal so viel, wie die Menschen in den ärmsten Ländern essen. Zur Erzeugung dieser Fleischmengen importieren wir große Mengen von Futtermitteln, besonders aus Südamerika, und tragen damit zur Rodung von Urwäldern bei. Die intensive Landwirtschaft führt, neben anderen Faktoren, zu einem dramatischen Artensterben, auch bei uns in Westeuropa. Viele der Nutztiere werden in Massenhaltung unter problematischen Bedingungen gehalten. Die dabei entstehenden großen Mengen an Stallmist und Gülle führen zur Anreicherung von gesundheitsschädlichem Nitrat im Trinkwasser.

Die Liebe, die Gott in uns wirken will, darf nicht an der Wohnungstür oder der Landesgrenze enden, sondern gilt allen seinen Geschöpfen weltweit.

Im Jahr verursachen wir in Deutschland pro Kopf ca. 38 kg Plastikmüll, von dem nur ein geringer Teil recycelt wird. Mehr als ein Drittel des weltweit hergestellten

Plastiks wird für Verpackungsmaterial verwendet, das meistens nur einmal genutzt wird. Ein großer Teil dieses Plastikmülls gelang in die Meere und als Mikroplastik in die Nahrungsketten von Tieren und Menschen.

Für unseren konsumorientierten Lebensstil und unsere Mobilität verbrauchen wir große Mengen an fossilen Energieträgern und tragen damit wesentlich zum Klimawandel bei. Das wirtschaftliche Wachstum in den Industrieländern seit dem Ende des 18. Jahrhunderts hat schwerwiegende Folgen für alle Menschen und die gesamte Schöpfung. Besonders die wenig entwickelten Länder im globalen Süden sind von Dürren, extremen Stürmen, Mangel an Süßwasser und dem Anstieg des Meeresspiegels bedroht.

Einige dieser Folgen unseres Handelns habe ich mit eigenen Augen gesehen oder aus erster Hand erfahren: Entwaldung, Dürrezeiten, Verschmutzung von Siedlungen, Feldern und Gewässern mit Plastikmüll. Und das bedroht besonders die Menschen, die am verletzlichsten sind, sowie Pflanzen und Tiere.

Alles, was ihr tut, geschehe in Liebe, ermahnt Paulus. „Alles" umfasst unser bewusstes Handeln, aber auch das, was wir unbewusst oder aus Gedankenlosigkeit tun. „Liebe ist gütig. Sie spielt sich nicht auf. Sie sucht nicht den eigenen Vorteil" heißt es im Hohelied der Liebe (1. Korinther 13,4-5). Liebe lässt uns über unsere eigenen Wünsche und Bedürfnisse hinaussehen und auch die Bedürfnisse unserer Mitmenschen und Mitgeschöpfe weltweit in den Blick nehmen. Und Liebe gibt uns Kraft unser Verhalten zu ändern. Wir können mit kleinen Schritten beginnen, aber wir sollten nicht dabei stehen bleiben.

Dr. Thomas Kröck ist Agrarwissenschaftler, Dozent und Studienleiter für Development Studies. Er war in der Entwicklungszusammenarbeit in Tansania und in sozialen Projekten in Indien und Nepal tätig.

GERHARD KRÖMER

Eine besondere Begegnung

Im Juni 1990 wurde ich von meinem katholischen Pfarrerkollegen und Freund Erich Kobilka zu einem besonderen Empfang eingeladen. Das gute ökumenische Miteinander in Schladming ermöglichte, dass wir uns ganz unkompliziert gegenseitig zu Veranstaltungen einluden. Ich spürte, dass ihm dieser Empfang wichtig war und dass er einen besonderen Gast erwartete. Der Schladminger Stadtsaal war angemietet und festlich geschmückt worden. Die Kinder des katholischen Kindergartens waren auch eingeladen und hatten sich intensiv auf diesen Besuch vorbereitet. Und da mein ältester Sohn Ulrich diesen Kindergarten besuchte, hatte ich mitbekommen, dass eine geistliche Schwester nach Schladming kommen würde. Geistliche Schwestern waren allerdings seit vielen Jahren in Schladming aktiv. Auf evangelischer Seite wirkten seit den 1930er-Jahren Diakonissen in der Hauskrankenpflege und ab 1960 im evangelischen Krankenhaus, auf katholischer Seite wirkten die Schulschwestern in feiner Weise im Kindergarten und halfen den Eltern, ihre Kinder in den christlichen Glauben hineinzuführen. Aber nun war eine besondere Schwester angekündigt: Schwester Emmanuelle aus Kairo.

Ich hatte nur weniges von dieser Schwester gehört, aber ihr Lebenslauf war inspirierend. Geboren wurde sie 1908 in Frankreich. Viele Jahre lebte sie als Mitglied des französischen katholischen Schulordens Notre-Dame de Sion in Kairo und unterrichtete Mädchen und junge Frauen an einer Schule. Als sie 63 Jahre alt war, sollte sie nach Frankreich zurückkehren. Aber sie wollte nicht. Zur Überraschung ihres Ordens verkündete sie, zu den Müllmenschen von Kairo ziehen zu wollen. Schlussendlich wurde es ihr erlaubt. Das war 1971. Sie lebte viele Jahre in einer Müllsiedlung, deren Gassen nur Abfallhaufen sind. Sie wohnte in einer Hütte, die vorher als Stall verwendet worden war. Sie hatte kein Wasser und keinen Strom und lebte wie 5000 andere Menschen mitten im Müll von Kairo. Sie lebte mit den An-den-Rand-Gedrängten. Sie tat das, weil sie von der Liebe von Jesus Christus für diese Menschen bewegt war. Sie sah ihre Aufgaben, den Mädchen und jungen Frauen die Liebe Gottes zu bringen, ihnen Wertschätzung und Achtung zu zeigen und ihnen durch Unterricht eine gute Ausbildung zu geben, die dann ein Leben auch außerhalb des Mülls ermöglichte. Obwohl sie nicht fließend Arabisch sprach, gab sie Arabischunterricht. Sie brachte den Kindern, den Frauen und Männern bei, wie man einen Bleistift hält, um Buchstaben auf ein sauberes weißes Blatt zu schreiben. Sie lehrte diese Menschen, ihre Namen zu schreiben und zu lesen, und vermittelte ihnen eine neue Würde.

Nun war diese Arbeit unter den Müllmenschen zu einer großen Arbeit angewachsenen. Diese katholische Nonne ging eine wunderbare Partnerschaft mit einem koptischen Orden ein und gewann dadurch geistliche Schwestern aus Ägypten, die sie unterstützten. Ein Netzwerk vieler Christen in Europa und Übersee ermöglichte Schwester Emmanuelle und ihren Mitstreiterinnen, vielen Menschen zu helfen. Nun wollte sich Schwester Emmanuelle bei den vielen Freunden in Österreich bedanken und kam so auch nach Schladming. Auf den ersten Blick war sie eine kleine zierliche alte Frau. Aber wenn man näherkam und sie einen anschaute, dann sah man ein fröhliches, fast jugendliches Gesicht. Ihre Augen strahlten von Güte und Herzlichkeit und man spürte, dass die Liebe von Jesus Christus sie erfüllte. Schwester Sara, die 38 Jahre jünger ist und ihre Nachfolgerin wurde, schrieb einmal an Schwester Emmanuelle: „Ich spüre, wie du Jesus, unseren Herrn, bedingungslos liebst. Nicht im Geringsten bildest du dir jedoch etwas ein. Im Gegenteil. Auf unterhaltsame Art erzählst du uns heitere Anekdoten über dein Leben im Alltag und lachst herzhaft darüber. Du

Die Liebe ist ein Feuer, das von Gott kommt, dieses Feuer kann nicht ausgehen. Mit Gott zusammen kann ich alles!

erweckst nicht den Anschein, die außergewöhnlichen Dinge zu tun, die du vollbringst. Weit davon entfernt, dich für eine Heilige zu halten, stellst du mit Eifer deine Fehler dar."

Viele Menschen waren zu diesem Empfang mit Vortrag in den Stadtsaal von Schladming gekommen und erlebten so wie ich, dass da eine Frau war, die Jesus in ihrem Herzen hatte und die die Liebe Jesu, die sie erfüllte, weitergab. Schwester Emmanuelle sagte: „Die Liebe ist ein Feuer, das von Gott kommt, dieses Feuer kann nicht ausgehen. Mit Gott zusammen kann ich alles! Er ist der Verrückte! Jeder ist zur Verrücktheit Seiner Liebe berufen! Es ist wunderbar, sich von dieser Verrücktheit der Liebe ergreifen zu lassen."

„Alles, was ihr tut, geschehe in der Liebe." – Ich musste, als ich die Jahreslosung 2024 las, an Schwester Emmanuelle und ihr gelebtes Beispiel für die Liebe Jesu denken. Sie hat so vielen Menschen geholfen. Wer Jesus in seinem Herzen hat, wer ihm vertraut und sein Leben nach seinem Wort ausrichtet, der wird von der Liebe von Jesus erfüllt. Ein Leitwort von Schwester Emmanuelle war: „Ich vermag alles durch den, der mich mächtig macht, Jesus Christus" (Philipper 4,13). Und sie hat im Namen von Jesus seine Liebe an viele Menschen weitergegeben.

Mag. Gerhard Krömer ist Pfarrer i. R. in Schladming, Österreich.

Miqdad, der Müllmann

„Dürfen Spione nicht gerettet werden?"

Pastor Muzaffar, mit einigen freiwilligen Helfern der Karmelmission, lernte Miqdad während der Internationalen Messe von Bagdad im Irak Anfang November 2022 kennen. Er fiel ihnen auf. Als Müllmann war er zu neugierig. Manchmal blieb er mit seiner Karre vor dem Bücherstand der Karmelmission stehen, starrte sie von Zeit zu Zeit an und lauschte offenkundig unseren Gesprächen mit den Gästen.

Das Team am Stand wurde vor ihm gewarnt: „Dieser junge Mann ist alles andere als ein Müllmann. Er ist garantiert ein Polizist in Zivil. Seid vorsichtig!" Unser ehrenamtlicher Helfer Bruder Asif sagte: „Jesus Christus vergoss doch sein kostbares Blut auch für Geheimdienstler und Polizeispitzel! Dürfen Spione nicht gerettet werden? Lasst uns doch den Mann erst mal begrüßen."

„Ich kann mir zum ersten Mal in meinem Leben wie ein Mensch vor"

Pastor Muzaffar bot Miqdad eine Tasse Kaffee an und Miqdad erzählte, wie ihm gleich am ersten Tag der Messe unser Wandkalender gefallen habe. Vor allem der

Vers auf dem Deckblatt des Kalenders habe ihn fasziniert: „Die brüderliche Liebe untereinander sei herzlich. Einer komme dem andern mit Ehrerbietung zuvor" (Römer 12,10).

„Mir ist aufgefallen", sagte Miqdad, „wie freundlich ihr eure muslimischen Gäste empfangt und ihnen diesen schönen Kalender und eure Schriften schenkt. Da wünschte ich mir, einer dieser Gäste zu sein. Sie sind fein gekleidet, haben sicher gute Berufe und genießen eure Gastfreundschaft. Ich aber bin eine Putzkraft, die jeder verhöhnt und verflucht. Ich hätte nie gedacht, dass ihr, liebe Christen, mir, dem Müllmann, solch eine Ehre geben und mir denselben Kalender und dieselben Schriften schenken würdet. Das ist das erste Mal in meinem Leben, dass Menschen wie ihr mich so liebevoll behandeln. Ich kam mir zum ersten Mal in meinem Leben wie ein Mensch vor."

Der Müllmann war einst Scharfschütze einer Antiterror-Einheit

Ab diesem Tag wurde Miqdad zu unserem Dauergast. Er erzählte uns über seine Kindheit, über seine Familie, kurz über Sachen, die man in der irakischen Kultur nur mit seinen vertraulichsten Freunden teilt.

Miqdad stammte aus Basra im Südirak. Er machte sein Abitur als Zweitbester in der ganzen Region und träumte von einem Jurastudium. Als sein Vater 2014 unerwartet starb, zog die Familie nach Bagdad um.

Miqdad bewarb sich als Scharfschütze bei einer schii-
tischen Miliz, die in den Reihen der irakischen Armee
im Nordirak gegen den gefürchteten Islamischen Staat
(IS) kämpfte. Das war ein gefährlicher Job. Nach einem
Monat war er der einzige Überlebende in seiner Einheit. Schlimmer war für ihn aber die Grausamkeit bei-
der Seiten. Er kündigte seinen Dienst trotz guten Ge-
halts und nahm eine Stelle bei der Abfallentsorgung der
Stadt Bagdad an.

„Ich bin eigentlich ein Schwerverbrecher", sagte
Miqdad. „Ich tötete zwar für meine Heimat, war aber
trotzdem nicht besser als die Terroristen. Ich habe tau-
sendmal die Hölle verdient und werde wohl dort landen.
Wie sagt man so schön bei uns: Illi faaat maat: Was vorbei ist, ist vorbei. Reue hilft nicht."

„Starb er wirklich auch für mich?"

„Ich bin da ganz anderer Meinung", sagte Pastor Muzaffar. „Jemand nahm die ganze Strafe auf sich für meine
und deine Verbrechen. Er zahlte schon den hohen Preis
dafür, als er sich von den Menschen kreuzigen ließ."
Miqdad erfuhr zum ersten Mal in seinem Leben, was
das Kreuz für die Christen bedeutete. Er schwieg eine
Weile, bevor er leise fragte: „Pastor, starb er wirklich
auch für mich?" Jeden Abend nach Messeschluss lasen
die beiden zusammen die Bibel. Einen Tag nach dem
Ende der Messe besuchte Miqdad Pastor Muzaffar zu
Hause und übergab sein Leben Jesus Christus. Am Tag

danach verstarb Migdad bei einem Arbeitsunfall durch den Kontakt mit einem Starkstromkabel.

Martin Landmesser ist Missionsleiter der Evangelischen Karmelmission.

CORNELIA MACK

„Liebe" und „lieb haben"

Eine Nachbarin machte mir viel Mühe. Immer wieder war sie über die Maßen neugierig, manchmal auch ein bisschen schnippisch oder sogar gehässig. Manchmal habe ich mich gefragt, ob Gott erwartet, dass ich sie liebe, also wirklich gernhabe. Und die Frage bewegte mich: Was bedeutet mir der Satz *„Alles, was ihr tut, geschehe in Liebe"*? Ist diese Aufforderung nicht eine Überforderung? Denn oft ist es doch so, dass nicht alles, was wir tun, in Liebe geschieht.

Oft reagieren wir mit Ärger oder Wut auf das Verhalten unserer Mitmenschen. Oder wir stöhnen unter manchen Lasten oder Schwierigkeit in der Welt – und wo bleibt dann die Liebe? Muss ich denn immer geben und nett sein? Meint das der Satz im ersten Korintherbrief? Und was bedeutet es für meine Nachbarin? Was ist denn mit Liebe gemeint?

Wir denken oft, wenn in der Bibel von Liebe die Rede ist, dass dies eine Aufforderung an uns ist, wir sollen alle Menschen um uns herum lieb haben. Also von Herzen gernhaben. Ist denn das gemeint? Auch wenn wir übersehen oder verletzt werden, sollen wir dann trotzdem lieben? Hört sich das nicht nach seelischer Vergewaltigung an in dem Sinn: *Achte nicht auf deine wahren Gefühle, Hauptsache, du bist lieb und nett zu anderen.* Und überhaupt: *So bist du ein Zeugnis für Christus, wenn du immer liebevoll bist.* Ist das gemeint?

Ich habe dann in meinen Gebetszeiten immer wieder meine Nachbarin und die Fragen, die mich im Blick auf sie beschäftigten, vor Gott gebracht. Und ich bekam Antwort.

Die Antwort Gottes war eine andere, als ich erwartet hatte. Es war keine Überforderung oder seelische Vergewaltigung. Ich sollte sie segnen und damit in den Raum der Liebe Gottes hineinstellen. Das war eine klare und hilfreiche Antwort auf den Umgang mit ihr. Und Segnen ist ein Akt der Liebe.

Zur Zeit des Paulus gab es im Griechischen für „Liebe" verschiedene Begriffe, vor allem *eros* und *philia*: Eros meint Leidenschaft, *philia* bedeutet freundliche Zuneigung, auch emotionale Herzlichkeit oder einfach jemanden gernhaben.

Nun fällt auf: Im Neuen Testament steht für „Liebe" meistens ein anderes Wort, das sonst wenig benutzt wurde: *agape*. Wenn Paulus und Johannes von Liebe schreiben, gebrauchen sie meistens das Wort *agape*, und sie meinen damit eine selbstlose Liebe, die ihre Wurzeln nicht in uns, sondern in Gott hat. *Agape* meint Liebe, die von Gott kommt. Die geprägt ist von Klarheit und Wahrheit. Paulus beschreibt diese Liebe am eindrücklichsten einige Kapitel vor dem der Jahreslosung in 1. Korinther 13, dem „Hohenlied der Liebe".

Eros – Leidenschaft, philia – freundliche Zuneigung, Agape – Liebe, die von Gott kommt.

Auch im griechischen Text der Bergpredigt steht dort, wo Jesus von der Feindesliebe spricht, nicht *philia*, also von Herzen gernhaben, sondern *agape*.

Das bedeutet, dass wir die Menschen, auch die schwierigen oder unmöglichen, mit der Liebe Gottes lieben sollen. Wir müssen nicht in uns selbst Liebe produzieren, um sie gernzuhaben, sondern wir können diese Liebe von Gott empfangen und weitergeben. Wir können uns öffnen wie eine Brunnenschale, in die etwas hinein- und dann auch wieder herausfließen kann. Wir sind sozusagen Durchgangsstation für das, was von Gott kommt.

Liebe, wie sie Paulus in der neuen Jahreslosung meint, bedeutet also nicht, dass wir uns emotional zwingen sollen, nett zu sein, damit andere uns als lieb und nett erleben. Das wäre eine Überforderung und würde zu seelischer Verklemmtheit führen. Mir ist hier das Bild von der Brunnenschale hilfreich – oder auch das Bild eines Kanals: Die Liebe Gottes soll in mich hinein- und durch mich hindurchfließen.

Ich lernte dann mehr und mehr, meine Nachbarin mit

den Augen Gottes anzusehen. Mit Augen des Erbarmens und der Barmherzigkeit.

Das Segnen half mir, eine andere Haltung zu ihr zu bekommen und sie mit Gottes Liebe zu lieben. Ich konnte ihr immer mehr mit Würde und Wertschätzung begegnen.

Wer andere segnet und sie mit Gottes Liebe liebt, bekommt tatsächlich eine andere innere Haltung zu seinen Mitmenschen. Es erleichtert die Kommunikation auch mit den schwierigen Menschen. Und es verändert auch uns selbst. Wir werden weniger verletzlich, weil wir selbst ja im Strom der Liebe und des Segnens stehen, der von Gott zu uns kommt und dann zu anderen weitergeht.

Und das ist dann Liebe, die von Christus zu uns kommt und unsere Mitmenschen mit einschließt, auch die schwierigen.

Cornelia Mack ist Autorin und Referentin und arbeitet als Beraterin und Seelsorgerin in Filderstadt.

KONSTANTIN MASCHER

Ziemlich radikal

„Ziemlich radikal, so ein Satz. Und schon wieder so ein Alles-oder-nichts-Prinzip", schoss es mir als Erstes durch den Kopf, als mir die Jahreslosung begegnete. „Alles" ist so grundsätzlich und umfassend, da gibt es kein Dazwischen, keine abmildernde Abstufung und kein Mittendrin-Grau. Das Gegenteil von Alles ist eben Nichts. Das Gefühl, eben nicht oder nur sehr ungenügend lieben zu können, liegt mir deutlich näher als dieser umfassende und herausfordernde Paulus-Imperativ.

Trotzdem mag ich Paulus, weil er so radikale Sätze raushaut. Mir gefällt auch das Wort *radikal*, weil es zutiefst veranschaulicht, was mit diesem Wort aus dem Korintherbrief gemeint ist. *Radikal* stammt von dem lateinischen Wort *radix* (dt. Wurzel), meint also „bis auf die Wurzel gehend". Wurzeln sieht man nicht, sie sind verborgen und prägen trotzdem die sichtbare Pflanze entscheidend. In ähnlicher Weise ist es auch mit diesem Imperativ: Es geht zutiefst um unsere innere Haltung. Sie prägt und steuert unser sichtbares Verhalten.

Vier Koordinaten der Hingabe

Doch wie ist das mit dem Lieben? Mal fällt es leichter, mal schwerer. Manche Menschen können wir sehr leicht lieben, weil die Chemie und das Miteinander stimmen. Andere halten wir vor allem dann gut aus, wenn sie weit weg sind. Paulus verweist in seinen Briefen daher auf Jesus Christus selbst, der diese radikale Liebeshaltung par excellence gelebt hat. Wie liebt er denn? Der Römerbrief gibt uns einige Hinweise.

Im Kreuz der Hingabe entdecken wir vier Koordinaten: freiwillig (Entschiedenheit), vorleistungsfrei (Gnade), verlässlich (Treue bis zum Tod) und lebensspendend (Früchte der Gnade).

Freiwillig

Jesus Christus hat sich uns freiwillig geschenkt und sein Leben für uns gelassen. Paulus schreibt: *„Denn dazu ist Christus gestorben und wieder lebendig geworden, dass er über Tote und Lebende Herr sei"* (Römer 14,9). Freiwillig heißt: aus freiem Willen, entschieden. Die Zeit, in der wir leben, wird von dem Gedanken beherrscht, dass den Reizen, die uns treffen, möglichst immer eine unmittelbare Reaktion folgen darf und soll. Wenn ich kein Gefühl der Zuneigung oder Liebe empfinde, dann muss ich dem nachgeben. Wenn ich jemanden nicht leiden kann, dann kann (und muss) ich ihn auch nicht akzeptieren.

Doch Liebe ist kein Gefühl, sondern eine Entscheidung. Entscheiden bedeutet, dass ich Verantwortung für meine Gefühle und meine Gedanken übernehme. Ich muss mich nicht nur entscheiden, ich darf es und ich darf mich dadurch verändern lassen. Gebet, Gespräch, Seelsorge – das sind die Räume, die

Liebe ist kein Gefühl, sondern eine Entscheidung.

ich aufsuchen kann, wo geschehen kann, was Paulus an die Römer schreibt: *„Ändert euch durch Erneuerung eures Sinnes, damit ihr prüfen könnt, was Gottes Wille ist"* (12,2).

Ich will nicht leugnen, dass es sehr schwer sein kann, eine solche Entscheidung zu treffen. Oft scheitere ich an meinem Unwillen. Aber wir können immer wählen – unabhängig davon, wie es uns gerade geht. Vielleicht gelingt es nicht beim ersten Mal, vielleicht auch nicht beim zweiten oder zwanzigsten Mal. Es mag sein, dass wir unseren inneren Schweinehund nicht wegbeten können, aber ab und zu einen ordentlichen Tritt in den Hintern wäre ein erster Schritt.

Vorleistungsfrei

Christus nimmt uns vorleistungsfrei an. Paulus schreibt im 3. Kapitel: Wir *„werden ohne Verdienst gerecht aus seiner Gnade und durch die Erlösung, die durch Christus Jesus geschehen ist"* (3,24). Wie oft ist mir das schon passiert, dass ich meine Liebe zu einem anderen an Bedingungen geknüpft habe. Das Verrechnen von Fehlern der anderen und der Kränkungen, die sie mir zugefügt haben, geschieht schon automatisch. Wie schnell bin ich dabei, eine Wenn-dann-Regel aufzustellen: Erst wenn der andere mir beweist, dass er bereit ist, sich zu ändern, dann will ich darüber nachdenken, ob ich ihm entgegenkomme. Vielleicht ist die Jahreslosung eine Erinnerung und Ermahnung, die Forderungen an den anderen zu streichen und der anderen Person eine Chance zu geben.

Verlässlich

Christus nimmt uns für alle Zeit an. Seine Treue gilt – trotz der Abwege, auf denen wir herumirren. Wie kann man treue Zuwendung zum Ausdruck bringen? Ein jüdisches Sprichwort sagt: Gott gab den Menschen zwei Ohren, aber nur einen Mund, damit sie mehr zuhören als reden.

Ja, wir sind stark im Reden – stark, den anderen in Grund und Boden zu reden. Und wir sind stark im Reden übereinander. Das Miteinanderreden fällt schwerer, weil es der Möglichkeit Rechnung trägt, mich irren zu können. Ich könnte unrecht haben, meine Haltung relativieren müssen oder einsehen, dass das, was ich mir fein säuberlich zurechtgelegt habe, nicht stimmt. Der Philosoph Karl Jaspers sagte: „Dass wir miteinander reden, macht uns zu Menschen." Der Umkehrschluss wäre: Dass wir übereinander reden, macht uns zu Unmenschen. Treu sein heißt in bestimmten Fällen: Halt den Mund!

Oft meinen wir, schon alles über einen Gefährten zu wissen. Wir haben jeden einzelnen in unsere Schubladen einsortiert. Wäre es nicht ein Zeichen der Treue und Verbundenheit, wenn ich die Haltung einnehme: „In Wirklichkeit kenne ich dich nicht, ich entlasse dich aus meinen Vorstellungen. Ich habe Interesse an dir und ich möchte *dich* kennenlernen"? Damit achte ich die Einzigartigkeit, das Gewordensein einer Person und ich erlaube meinem Gegenüber zu sein, wer er wirklich ist.

Christus nimmt uns an: freiwillig, vorleistungsfrei und treu. Seine Hingabe und Liebe spenden Leben und Frucht. Das ist der springende Punkt, wenn es um die Frage geht:

Wozu das alles?

Wozu sollen wir das tun? Es geht um die Verherrlichung Gottes! Dort, wo Christus mit seiner Gnade und seiner Gerechtigkeit in unser Leben und in unsere Bedrängnis kommt, reifen die Früchte der Gnade. Paulus schreibt: *„Wir rühmen uns der Bedrängnisse, weil wir wissen, dass Bedrängnis Geduld bringt, Geduld aber Bewährung, Bewährung aber Hoffnung, Hoffnung aber lässt nicht zuschanden werden; denn die Liebe Gottes ist ausgegossen in unsere Herzen durch den heiligen Geist, der uns gegeben ist.“* (Römer 5,3-6)

Die Umstände und unangenehmen Bedrängnisse sind eine Lebensschule der Liebe und der Hingabe. An ihnen sollen wir wachsen und reifen. Jede überwundene Bedrängnis macht uns außerdem freier von uns selbst. Damit geschieht, was Johannes der Täufer von sich sagte: *„Er muss wachsen, ich aber muss abnehmen.“* (Johannes 3,30). Mein Ich darf weniger werden, damit Christus und seine Liebe immer mehr Raum in meinem Leben gewinnen können. Das befähigt uns zur Hingabe und zur Selbstlosigkeit und befreit uns, Gott mehr durch unser Tun zu loben.

Konstantin Mascher ist Prior der ökumenischen Kommunität Offensiver Junger Christen (OJC) in Reichelsheim, Greifswald und Gotha.

Thomas Meyerhöfer

Erste Liebe

Zwei Jung-Teenies hüpfen durch die Wiese. Sie lachen, halten Händchen, schauen sich an, die Lady reißt sich los und rennt durchs Gras in Richtung Hochsitz. Der Junge wackelt mit dem Kopf, trabt im lockeren Schritt, besinnt sich eines Besseren und beschleunigt. Fast gleichzeitig kommen die beiden am Jägerstand an. Sie fallen sich in die Arme und drücken sich fest. Leute … genauso ist die junge erste Liebe!

Kurze Zeit später auf gleicher Strecke: Eine Frau zieht den Hund hinter sich her. Ihre Mundwinkel stoßen aufs Kinn. Der braune Anorak unterstreicht ihre miese Stimmung. Links von ihr – plus drei Meter Sicherheitsabstand – schlurft grummelnd ihr Lover.

Nicht der erste.

Vermutlich hat sich's mit ihm bald ausgelovert. Er wird es nicht in den Recall schaffen.

Vielleicht parshipt sie sich zügig einen Nachfolger. Ob sie mit dem dann verliebt durch eine nasse Wiese rennt … eher nicht. Prostataentzündung, dreckige Schuhe, nasser Hund … es gibt genügend Entschuldigungen für ein euphorieloses Leben.

Erste junge Liebe. Schon klar … wenn man dreißig oder noch mehr Jahre verheiratet ist, rennt keiner mehr durchs hohe Gras. Alles gut – muss man auch nicht. Aber hast du schon mal ein altes Ehepaar beobachtet, wie sie in der Öffentlichkeit sich ihre Liebe durch kleine Gesten und Geblinzel wortlos zuflüstern? So genial und nachahmenswert!

Mit achtzig muss (oder kann) keiner mehr durchs hohe Gras hüpfen, um dem anderen seine Liebe unter Beweis zu stellen. Nach so vielen Ehejahren ist die Liebe tiefer und größer als in den vielen Jahren zuvor. Man spürt, was der Partner denkt. Hofft, dass es ihm gut geht. Ist dankbar für die Nähe. Sorgt sich um ihn, wenn er leidet.

Alles Theorie?

Natürlich nicht.

Eine Wunschvorstellung?

Könnte man meinen – beim halbwegs wachen Blick in unsere Zeit.

Die Bibel weiß über die „erste Liebe" Bescheid. Am Anfang ihres letzten Buchs finden sich Beurteilungen über christliche Gemeinden und deren Mitglieder, die – vorsichtig formuliert – nicht die volle Punktzahl einfahren. Manchmal ist aus den Worten die Trauer des Sprechers herauszuspüren. Besonders bei dem Satz: „Ich habe gegen dich, dass du deine erste Liebe verlassen hast!" (Offenbarung 2,4)

Nein – der hier spricht, will keine Scheidung.

Der Engel, aus dessen Mund diese traurige Botschaft kommt, macht eine Bestandsaufnahme: „Ihr habt eure erste Liebe verloren." Zum besseren Verständnis: Die damals Angesprochenen tanzten nicht in fremden Göttertempeln. Das Engelsurteil galt den standhaften, gegen den Bösen kämpfenden, Lügner entlarvenden, missionierenden, in alledem nicht müde gewordenen Christenmenschen.

Aber: alles ohne Liebe.

Oder: lieb-los.

Bedeutet: Sie haben funktioniert. Ihr Programm abgespult. Sie waren aktiv ohne eine liebevolle Beziehung zu ihrem Gott. Natürlich, ein solcher Aktionismus schafft volle Terminkalender. Er holt sich Bestätigung von außen. Da wird geschafft um des Machens und um der Macht willen. Positive Rückmeldungen sind das Ziel. Die Mindmap ist auf Wachstum ausgerichtet. Pläneschmieden steht im Vordergrund. Da bleibt keine Zeit für romantische Liebesbekundungen.

Die angesprochene „erste Liebe" ... die sehnt, hofft, denkt, hilft, tröstet ... die die Nähe des anderen herbeiwünscht ... die hat in dieser geschäftigen Gemeindewelt keinen Platz.

Jesus beklagt diesen Missstand. Er will und wird in einer solchen Beziehung nicht leben. Einer Beziehung, in der er – salopp formuliert – liefert. Aber seine Liebe läuft ins Leere. Wir haben zu viel um die Ohren, um dieses Manko überhaupt zu bemerken. Das ist in unseren Beziehungen (oft) auch nicht anders:

Viele Paare geraten nach zwanzig oder noch mehr Ehejahren in heftige Turbulenzen. Ohne große Vorwarnung drückt ein Orkan ins Leben. Man geht sich auf die Nerven; ist sprachlos; sieht die Fehler des anderen wie noch niemals zuvor; streitet; heult; versöhnt sich wieder.

Zwei Stunden später bringt der nächste Sturm das wacklige Ich-hab-dich-doch-lieb-Konstrukt zum Einstürzen. Gestern noch die leichteste Übung – heute bringt der kleinste Funke das (Ehe-)Gebäude zum Explodieren. Lange lässt sich dieser Zustand nicht durchhalten.

An was liegt das?

Themen, Probleme und Nöte, die gestern noch besprochen, bekämpft, beurteilt werden mussten, haben sich verabschiedet. Die Kinder sind aus dem Haus. Arztbesuche gehören zum Alltag. Träume platzen. Lethargie breitet sich aus.

Statt einen zweiten Frühling zu erleben, hockt man mitten im November.

Wo und wann blieb denn die Liebe auf der Strecke?

Die Ursachensuche fällt schwer. „Hat sich so ergeben", sagt man dann.

Oder: „Das Leben hat keinen Platz für Romantiker!"
Echt jetzt?

Ist das auch so mit unserem Glauben?

Hat hier die gemeinsame Zeit auch keinen Platz? Hören aufeinander?

Herz ausschütten? Vor lauter Freude jubeln?
Nicht mehr da?!?

Angenommen, in diesem Augenblick steht ein Engel vor dir und behauptet: „Deine erste Liebe ist Vergangenheit …" – würdest du ihm recht geben?

Welche Bilder von früher tauchen jetzt beim Lesen auf? Seinerzeit, als du Jesus kennengelernt hast …

… welche Mauern wolltet ihr gemeinsam einreißen?

… welche neuen Wege finden?

… was hast du ihm alles versprochen?

Stopp!

Bevor du komplett abstürzt – solche Versprechen waren der Startschuss hinein in den Aktionismus, den du heute lebst.

Liebe, auch die göttliche Liebe, ist for free. Wegen dir. Du wirst geliebt, weil du bist.

Liebe und Aktionismus können nie nebeneinander bestehen. Einer von beiden gewinnt die Oberhand.

Solltest du anfangen, deine unschönen Eigenschaften aufzuzählen – spar dir die Luft.

Du bist geliebt. Punkt.

Liebe stört sich nicht an einem alten Pullover, den man schnell übergezogen hat, um mit dem anderen auf dem Sofa sitzend zu reden, zu lachen, zusammen zu sein,

Liebe erträgt auch die Wuschelfrisur oder das unrasierte Kinn.

Liebe lacht über die Küchenschürze, an der mehlverschmierte Hände abgeputzt werden.

Liebe vermisst den anderen schon dann, wenn die Haustür ins Schloss fällt.

Liebe … findet im Alltag statt.

Und schließlich:

Liebe und Aktionismus können nie nebeneinander bestehen. Einer von beiden gewinnt die Oberhand.

Es gibt Lebensabschnitte, in denen Kopf und Herz nicht miteinander können. Zeiten also, in denen wir funktionieren, um zu überleben. Da ist es fast unmöglich, mit dem oder der Geliebten im „guten alten Pullover" auf dem Sofa hockend den späten Tag der anbrechenden Nacht anzuvertrauen.

Leider passiert es viel zu schnell, dass man sich an diesen Überlebensmodus gewöhnt. Ja mehr noch: ihm die Vorherrschaft im Leben einräumt.

Deshalb kam der Engel. Seinerzeit.

Deshalb steht's in der Bibel. Für heute. Für uns.

Die Engelsaussage rührt mich an. Weil ich die Not des Verkündigers spüre. Sein Flehen, doch den Aktionismus in die Wüste zu verbannen und erneut den Weg zurück zur ersten Liebe zu finden.

„Tut Buße", spricht der Engel.

Leute, diese beiden Worte bringen den Schmerz von Jesus aufs Papier!

Er leidet unter unserer Sprach- und Lieblosigkeit.

Jesus möchte mit uns an den Anfang zurück.

Das sagt alles über ihn aus.

Seine Liebe zu uns ist noch genauso jung und frisch wie seinerzeit ... damals, als wir noch wie Teenies durchs hohe Gras hüpften und vor lauter Glück nicht wussten, wohin mit unseren Gefühlen.

Es ist Zeit umzukehren.

Da wartet einer auf uns.

Händeringend!

Thomas Meyerhöfer ist Filmemacher, Radiomoderator, Blogger und Autor.

Die Liebe bringt's

Ich war etwa siebzehn oder achtzehn Jahre alt und hatte mich verliebt. Man stelle sich vor: Da habe ich meiner Freundin – meiner jetzigen Frau – ihre schwere Schultasche kilometerweit getragen! Und das eigenhändig und freiwillig! Mir war kein Weg zu weit, keine Last zu schwer. Und das alles aus Liebe!

So kennt man das auch anderswo: Wenn sich ein junger Mann plötzlich regelmäßig wäscht und kämmt, gar noch leicht parfümiert vor sich hin duftet, dann kann man sicher sein: Er ist von der süßen Macht der Liebe gepackt. Die Hormone vibrieren. Da konnten vorher die Eltern schimpfen, mahnen und zureden noch und noch. Die Liebe kriegt's hin.

In der Liebe steckt eine geheimnisvolle Kraft. Liebe beflügelt. Geliebt zu werden und selbst zu lieben, macht kreativ. Liebe bewegt, verändert und motiviert. Was man aus Liebe tut, tut man gern. Sie ist die stärkste Kraft, die es gibt. Obendrein ist sie dauerhaft und stabil, ständig darauf aus, dem anderen Gutes zu tun.

Deshalb bringt Gott uns nicht mit Forderungen auf Trab. Er setzt uns nicht mit Befehlen in Bewegung. Die geben nur die Richtung an, in die wir gehen sollen. Markierungen sind sie, die uns den Kurs abstecken. Die Kraft zum Gehen kommt aus der Liebe. Und das ist gut so. Was wir mit Liebe tun, geht uns leichter von der Hand und kostet weniger Mühe.

Schwierig wird es dann, wenn wir durch anderes bewegt werden. Manchmal durch reines *Pflichtgefühl*. Wir ziehen eine Aufgabe durch, die wir übernommen haben. Doch da glüht kein Leben mehr. Die Freude ist abgekühlt.

Oder wir werden durch *Gewohnheit* bewegt. Man ist eben verheiratet und klebt aneinander, aber lebt mehr oder weniger nebeneinander her. Leider ohne Wärme, Freude und Begeisterung füreinander.

Man kann auch durch sein *Anerkennungsbedürfnis* bewegt werden. Man setzt sich ein, solange das von anderen gesehen und gewürdigt wird. Bleibt das aus oder gibt es gar kritische Töne, klingt der Eifer ab.

Pfarrer Paul Deitenbeck (1912–2000), der über seine Stadt Lüdenscheid hinaus bekannt war, hat immer wieder gebetet: „Herr, reinige meine Motive!" Ein wichtiges Gebet! Denn wenn wir mit anderen Menschen zu tun haben, ob im privaten Leben, im beruflichen Umfeld oder in unseren Gemeinden, stellt sich diese Frage immer wieder: Was treibt mich an? Was sind meine Motive?

Paul Deitenbeck: „Herr, reinige meine Motive!"

Sicherlich: Solange wir leben, werden sich bei uns die Motive mischen und überlappen. Das kann nicht anders sein. Gerade im Umgang mit anderen Menschen machen wir manches falsch und sind deshalb lebenslang auf Korrektur und Gottes Vergeben angewiesen.

Aber wenn wir als christliche Gemeinden die Menschen um uns her nicht achten und wirklich gernhaben, werden wir sie nicht erreichen. Stimmt das Motiv nicht, müssen wir uns nicht wundern, wenn unsere Aktivitäten ohne merkliches Echo bleiben. Sie gehen auch langfristig über unsere Kräfte. Sie werden uns und anderen wenig Freude bereiten.

Ich frage mich darüber hinaus: Was bewegt uns in unseren Gemeinden? Aus welchen Gründen wenden wir uns den Menschen in unserem Umfeld zu? Sind es gelichtete Reihen und leerer gewordene Stühle nach der Coronazeit? Ist es die Ebbe in der Kasse? Wenn wir durch Angst um den Bestand bewegt werden, ist es zwar nicht das edelste Motiv, aber besser als gar nichts. Vor allem jedoch will uns die Liebe zu denen treiben, die noch vor den Toren des Glaubens stehen und die nicht ahnen, was ihnen fehlt.

Unsere Liebe will sich immer wieder neu als treibende Kraft durchsetzen. Sie will der Antrieb sein, wenn wir den Menschen neben uns begegnen. Treten wir ihnen dagegen mit inneren Sperren und Vorbehalten entgegen, werden wir ihre Herzen nicht gewinnen. Ohne Liebe können wir zwar erfolgreich Akten wälzen, Holz hacken oder unseren Garten umgraben. Das alles geht auch mit finsteren Gedanken und verbissener Miene. Aber ohne Liebe mit anderen Menschen umgehen? Das geht daneben. Da wird alle Mühe vergeblich sein.

Der Schweizer Pädagoge Johann Heinrich Pestalozzi (1746–1927) hat es auf den Punkt gebracht: „Euer Einfluss auf andere Menschen wird nur so weit reichen, wie eure Liebe reicht." Liebe macht uns zu Freunden der Menschen um uns her. Für diese Liebe gibt es keinen Ersatz. Nur sie ist in der Lage, Brücken zu bauen und Herzen zu erreichen.

Aber woher die Liebe nehmen und nicht stehlen? Was erfüllt uns mit Liebe? Zum Glück setzt die Liebe, auf die wir angewiesen sind, nicht bei uns ein. Sie entsteht nicht dort, wo wir sie brauchen: in der Nachbarschaft, in der Gemeinde, in der Familie und im Betrieb, in der Schulklasse oder an der Universität. Da beginnt die Liebe nicht. Sie hat ihre Quelle jenseits von uns, bei Gott: „Gott ist die Liebe" (1. Johannes 4,16).

Sicher: Etwas Liebe-Ähnliches kriegen wir hin. Wer so sympathisch ist wie wir, den haben wir gern. Wir können tatkräftig zupacken und Hilfe leisten. Und wir können uns auch von unserem Herzblatt erotisch entflammen lassen. Das alles liegt drin. Und davon denken wir nicht gering.

Aber bei Licht besehen ist das, was wir an Liebe zustande kriegen, oft kurzlebig, wenig tragfähig und kaum belastbar. Schnell geht uns die Puste aus. Wer kann für seine Liebe die Hand ins Feuer legen?

Zum Glück wächst die Liebe, die wir benötigen, nicht in unserem Garten, sondern außerhalb von uns. Es verhält sich mit der Liebe wie mit dem Wasser. Das entsteht nicht im Wasserhahn in der Küche. Dort wird es gebraucht. Und jeder kennt die Zusammenhänge: Wolken regnen ab. Wasser sammelt sich in Bächen, Flüssen und Talsperren. Dort wird es entnommen und im Wasserwerk aufbereitet. Mächtige Leitungen durchziehen unterirdisch das Land. Und so kommt es zum Wasserkreislauf, an den jedes Haus angeschlossen ist.

Ähnlich verhält es sich mit der Liebe. Sie fließt in einem Kreislauf. Sie startet bei Gott. Von ihm geht sie aus. Deshalb ist es Weihnachten geworden. Gott hat sich in Jesus Christus zu uns auf den Weg begeben. An Jesus lesen wir ab, wie gut Gott es mit uns meint. Seine Liebe gilt auch denen, die versagt haben, die am Rande stehen und von anderen verachtet werden. Jesus hat ein Herz für sie alle. Im Neuen Testament reiht sich eine Liebesgeschichte an die andere. Und das Ende vom Lied? Seine Liebe bringt Jesus ans Kreuz. Er stirbt an uns und für uns. So weit reicht seine Liebe. So sehr sind wir geliebt.

Jede Liebe wartet auf ein Echo. Sie erhofft eine positive Reaktion. Das gehört zu ihrem Wesen. In jeder Liebe steckt eine Sehnsucht. Sie müht sich um den anderen. Sie streckt sich nach ihm aus. Zur Liebe gehören bekanntlich immer zwei. Eine halbe, einseitige Liebe endet im Liebeskummer. Erst im Miteinander blüht die Liebe auf und kann sich entfalten. Dann kommt die Liebe zu ihrem Ziel.

Deshalb zielt Gott darauf ab, dass wir den Ball seiner Liebe zurückspielen, auf seine Liebe antworten und uns ihr versprechen. Wohl uns, wenn wir's tun. Es wird uns und anderen zum Segen sein. Denn: Die Liebe bringt's.

Dr. Christoph Morgner, Garbsen, war bis 2009 Präses des Evangelischen Gnadauer Gemeinschaftsverbandes.

Anne mit dem großen Herzen

Anne hat ein großes Herz. In das passen nicht nur ihr Mann, ihre drei Söhne und zwei Enkel, sondern auch 400 Patenkinder aus Tansania. Wenn sie darüber spricht, strahlt sie. „Es erfüllt mich sehr, etwas bewirken zu können", sagt sie.

Feldarbeit statt Schule

Alles begann 1999. Menschen aus Tandala in Südwesttansania besuchten Annes Kirchengemeinde in Neuhausen, das liegt südlich von Stuttgart. Anne erfuhr: Viele tansanische Kinder gehen nicht zur Schule. Sie sind behindert und müssten eine Sonderschule mit Internat besuchen. Oder sie sind Waisen und leben oft bei sehr armen Verwandten. Ihnen fehlen Bücher und Hefte, Schuluniform, Schuhe. Außerdem müssen die Kinder zu Hause helfen, um das Nötigste zu erwirtschaften: beim Ernten von Mais, beim Holen von Wasser oder Brennholz.

Anne, von Beruf Sonderschullehrerin, dachte: Da muss man doch was tun. Sie hatte sofort einen Plan: Paten suchen, die Kinder in Tansania unterstützen. Die tansanischen Freunde rechneten es aus: 20 Euro monatlich für ein Grundschulkind, 36 Euro für ein Kind auf der weiterführenden Schule. Denn diese Secondary Schools (ab der 8. Klasse) sind meist so weit von den Wohnorten der Kinder entfernt, dass sie dafür aufs Internat müssen.

Anne entwarf einen Bittbrief, schickte ihn an Freundinnen und Freunde, an die örtlichen Zeitungen. Ein halbes Jahr später konnten bereits 25 Kinder unterstützt werden, in Kooperation mit dem Diakoniezentrum in Tandala. Es gehört zur lutherischen Kirche Tansanias. Dort lernen und arbeiten Menschen mit Behinderung.

Für jedes Kind ein eigenes Bett

Nächstenliebe üben, das hat Anne mit der Muttermilch eingesogen. Ihre Eltern sind gläubige Christen und Vorbilder für sie. „Tischgebet, Kinderkirche, Gottesdienst, sich um andere kümmern, das war selbstverständlich." Der Glaube hat Anne geprägt und macht sie dankbar. Z. B. für inzwischen mehr als 400 versorgte Patenkinder. Jedes Kind erhält eine Schuluniform und das nötige Lernmaterial – und zu Hause ein eigenes Bett. „Die Jungen und Mädchen schlafen nämlich oft auf dem feuchten Fußboden, auf Planen oder Tüchern." Außerdem erhält die Familie des Patenkindes zwei- bis dreimal jährlich einen Sack Reis sowie Öl, Salz und Zucker, damit die Kinder nicht dafür arbeiten müssen.

Kein Patenkind wird aufgegeben

Die Patenschaften müssen gut organisiert werden: Anne führt Listen, hat im Blick, wenn neue Paten dazukommen oder wenn andere abspringen – dann sucht sie eine Zwischenlösung. Denn kein Patenkind wird aufgegeben, weil auf einmal der Sponsor wegfällt. Sie achtet darauf, wann Kinder die Schule wechseln, wann sie die Ausbildung abschließen. Dabei steht Anne in engem Kontakt mit Vicky und Joshua aus Tandala. Sie arbeiten im Diakoniezentrum, sind nah dran an den Kindern und ihren Familien und können die Situation sehr gut einschätzen. So ist Anne immer auf dem Laufenden und informiert die Paten, sobald es Neues gibt. Z. B. wenn das Kind auf die Secondary School wechselt: Dann muss der monatliche Beitrag erhöht werden. Nicht alle gehen da mit, dann sucht Anne andere Paten. Und am Jahresende werden 400 Spendenbescheinigungen verschickt. Ihr Mann Michel unterstützt sie tatkräftig.

Liebe ist viel mehr als ein Gefühl

Bei vielen Hilfsorganisationen zahlt man bei der Spende auch für die Verwaltung mit – Anne macht alles ehrenamtlich. In ihrem Beruf arbeitet die 62-Jährige inzwischen Teilzeit, weil es sonst nicht mehr zu schaffen ist. Auf eigene Kosten fliegt sie alle zwei Jahre nach Tansania, besucht die Kinder und ihre Verwandten. Sie spricht Kisuaheli und verbessert ihre Sprachkenntnisse ständig weiter durch Kurse. Auch mit ihrer eigenen Familie war sie schon mehrmals in Tansania, anfangs waren die Jungs noch klein. „In der ersten Nacht in Daressalam haben sie geweint. Damals war es heiß und stickig. Kakerlaken krochen durch das äußerst beengte Zimmer. Zum Duschen bekam man einen Eimer Wasser, aus dem man dann mit einem Becher etwas schöpfte und über sich goss. – Aber als wir dann in Tandala ankamen, war es schnell vergessen, sie spielten mit den tansanischen Kindern Fußball, tobten mit ihnen herum und schenkten ihnen ihr zweites Paar Schuhe, als sie sahen, dass manche keine hatten. So ein Besuch macht ja was mit einem: Wenn man dort war, nimmt man unsere komfortablen Verhältnisse nicht mehr für selbstverständlich."

Die Menschen in Tansania sind Anne ans Herz gewachsen. Ihre Liebe zu Land und Leuten ist viel mehr als ein Gefühl. Sie ist Aktion und harte Arbeit, erfordert oft Geduld und einen langen Atem.

> *„Wenn man dort war, nimmt man unsere komfortablen Verhältnisse nicht mehr für selbstverständlich."*

Neue Schuhe für Enos

„Aber ich bekomme so viel zurück. Da ist z. B. Enos, ein gehörloses Kind. Mir fiel auf, dass er viel zu große Schuhe trug, er schlurfte und konnte gar nicht richtig laufen. Ich kaufte ihm neue. Ab dem Tag kam er immer sofort angerannt, sobald er mich sah, strahlte mich an und zeigte stolz auf seine Schuhe – reden konnte er ja nicht. Diese Freude rührte mich sehr."

Wenn Anne nach Tansania fliegt, entstehen oft neue Projekte, für die sie dann in Deutschland Geld einwirbt: ein Englischkurs in den Schulferien, damit Schülerinnen und Schüler den Übergang auf die Secondary School schaffen. Denn in der Grundschule ist die Unterrichtssprache Kisuaheli, in den weiterführenden Schulen jedoch Englisch. Daran sind bisher viele gescheitert. Oder die jährliche Weihnachtsaktion: Da werden Spenden gesammelt, damit einer Familie in Not ein kleines Haus gebaut werden kann. Eine dieser Familien hat Anne kürzlich in ihrem neuen Häuschen besucht. „Ein 10-jähriges Mädchen, das mit ihrer Oma lebt. Die Oma weinte und sagte immer nur: Asante (danke). Da stellt sich das kleine Mädchen hin und hält eine Rede. Sie erzählt, was das Haus für sie bedeutet und wie das Leben sich für sie seitdem verbessert hat. So stark, so ergreifend."

In Tandala trifft Anne manchmal junge Erwachsene, die mithilfe einer Patenschaft ausgebildet wurden und jetzt berufstätig sind. Dann ist Anne glücklich. Ihre Liebe lässt Leben leuchten.

Weitere Informationen: http://www.tansania-paten schaften.de

Luitgardis Parasie, Northeim, ist Pastorin und Buchautorin. Beim NDR arbeitet sie in der Reihe „Zwischentöne" mit.

ULRICH PARZANY

Verschwenderisch leben aus Liebe?

Sommer 1965 in Beit Jala, der Zwillingsstadt von Bethlehem. Damals gehörte dieser Teil des Heiligen Landes, die sogenannte Westbank, zum Königreich Jordanien. Ich arbeitete als Vikar der evangelischen Erlöserkirchengemeinde in der Altstadt von Jerusalem. Neben dem Dienst in der deutschen Auslandsgemeinde wurde ich im Internat der Lutherischen Sekundarschule in Beit Jala eingesetzt.

Wir trafen uns wöchentlich zu einem Hausbibelkreis in Bethlehem. Im Sommer 1965 nahm als Gast eine Ärztin aus Assuan, Oberägypten, teil. Ich begegnete ihr zum ersten Mal. Frau Dr. Elisabeth Herzfeld verbrachte ihren Urlaub in Jerusalem. Das Sommerklima dort war eine Wohltat im Vergleich zur schier unerträglichen Hitze in Oberägypten. Die Begegnung mit Frau Dr. Herzfeld war ein Meilenstein in meinem Leben und Dienst.

Als ich ihr begegnete, war sie 75 Jahre alt. Überrascht stellte ich fest, dass sie auch in ihrem Urlaub dauernd nubische Vokabeln lernte. Sie hatte viele Jahre das Missionskrankenhaus in Assuan geleitet. Nachdem sie die Leitung in jüngere Hände geben konnte, widmete sie sich wieder wie schon in früheren Jahren den nubischen Bauern, die wegen des Baus des Assuan-Hochdammes seit 1960 aus ihren Dörfern vertrieben und umgesiedelt wurden. Sie lebte mit ihnen unter einfachsten Lebensbedingungen voller Entbehrungen.

Wieso hatte es diese Frau in die Nubische Wüste verschlagen?

Sie stammte aus einer vornehmen Familie. Der Vater war Jurist, die Mutter Lehrerin. Sie wurde in Neuwied im Rheinland 1890 geboren und wuchs in Greifswald auf, wohin die Familie wegen des Berufes des Vaters zog. Sie war 1912 die siebte Frau, die ihr Medizinstudium an der Universität Greifswald begann. Sie bestand 1917 ihr Staatsexamen mit „sehr gut" und wurde 1919 mit „summa cum laude" promoviert. Sie arbeitete fünf Jahre in Leipzig als niedergelassene praktische Ärztin, bevor sie 1926 in die Mission nach Assuan ging.

Mir hat sie erzählt, was sie, inspiriert durch den China-Missionar Hudson Taylor, als Medizinstudentin bewegte: Um in die Weltmission zu gehen, braucht man keinen speziellen Ruf Gottes. Jesus hat allen seinen Jüngern gesagt: „Geht hin in alle Welt und macht zu Jüngern alle Völker!" Einen besonderen Ruf braucht man, um zu Hause zu bleiben. Die Liebe Christi drängt uns zu den Menschen, die ihn noch nicht kennen. Diese Impulse von Frau Dr. Herzfeld wurden für mich zur Herausforderung.

Nach dem Gespräch mit ihr habe ich in meinem Zimmer in Beit Jala gebetet: „Herr, hier bin ich, sende mich, wohin Du willst!" Ich hatte danach den Eindruck, dass mein Platz in der islamischen Welt sein würde. Es ist anders gekommen. Ich bekam den Ruf Gottes in die Jugendarbeit nach Essen und in die Evangelisation. Aber erst nachdem ich alle einschränkenden Vorstellungen in mir Jesus geopfert hatte, war ich wirklich offen für seine konkreten Platzanweisungen.

Begierig lauschte ich den Berichten von Dr. Herzfeld. Insgesamt hat sie 30 Jahre den Menschen in Oberägypten gedient. Sie hat den Menschen unter schwierigsten Bedingungen medizinische Hilfe und das Evangelium von Jesus gebracht. Von vielen Bekehrungen zum christlichen Glauben konnte sie nicht berichten. Sie konnte das Elend der vertriebenen nubischen Bauernfamilien nicht verhindern. Aber sie war für sie in Wort und Tat eine Zeugin der Liebe des gekreuzigten und auferstandenen Herrn Jesus Christus.

Mit ihren Begabungen hätte sie in Europa Karriere machen, großes Ansehen und Reichtum sammeln können. Verschwendete sie nicht ihr Leben im Sand der Nubischen Wüste? Ja, sie lebte verschwenderisch aus Liebe. Sie war angezündet vom Feuer der Liebe Gottes, der in Jesus seine Liebe am Kreuz für uns verlorene Menschen verschenkt hat.

Die Tübinger Ägyptologin Emma Brunner-Traut schrieb anlässlich des Todes von Elisabeth Herzfeld:

„In diese (Nubische) Wüste wagte sich einsam eine Frau. Ohne Schwert und Reichtum, aber stark im Herzen. […] Ohne Zaudern ging sie festen Schrittes in ihrem 36. Lebensjahr in ein nubisches Dorf […]. Auf alles musste sie verzichten, was einer gebildeten Europäerin wert sein kann. […] In das Land, das Christi Namen vergessen hatte, trug sie […] in Wort und Liedern aufs

Neue die biblischen Geschichten. Nicht lehrend und streitend im theologischen Gespräch, sondern schlicht und bildhaft, wie es ihre Hörer zu fassen vermochten. […] Die „Große Ärztin" litt und sann mit diesen Erniedrigten. […] Frisch wie je, gespannt von Energie, rasch im Griff, wendigen Geistes und überlegen an Erfahrung und Urteil, so schenkte sie ihre Lebenskraft bis zu dem Tage, da sie todkrank zusammenbrach. […] Wenn über den Kreis der Mission und der Nubier hinaus nicht viele sprechen werden von diesem Leben der Treue und des Selbstopfers, so darum, weil sie nie davon ein Aufhebens machte. Sie hatte keine Zeit, über ihr Leben zu schreiben; selbst den Besuchern viel zu erklären, empfand sie als Unterbrechung ihres Dienstes. Sie wusste, dass es nicht der Ruhm der Menge ist, der uns erhöht. […] Mit ihr verliert die Welt nicht nur eine tapfere Frau, nicht allein eine unverdrossene Helferin für die Armen und Kranken in Nubien, mit ihr verlöscht ein fleischgewordenes Zeichen menschlicher Liebe."[1]

Elisabeth Herzfeld war für mich eine Veranschaulichung für das Wort „Alles, was ihr tut, geschehe in Liebe." (1. Korinther 16,14)

Ulrich Parzany, Kassel, ist Pfarrer und Evangelist; bis 2023 war er Leiter von proChrist.

---

[1]   Gerald Lauche, Dr. med. Elisabeth Herzfeld (1890–1966): Ein Leben für Gott und Nubien, https://emo-wiesbaden. de/images/pdf/g-lauche_herzfeld_format-10-12-2013.pdf, Zugriff am 20.04.2023.

#ausLiebe

Als die alte Dame anfängt zu weinen, setzt Lucas sich neben sie. Er streichelt ihr über die Schulter, lächelt sie an, nimmt sacht ihre Hand. Die Dame schluchzt weiter. Zugleich wird sie spürbar ruhiger. Sie versteht zwar nicht genau, was um sie herum passiert. Sie weiß vermutlich nicht, dass es Nachmittag ist und sie in der Andacht sitzt im Seniorenheim, in dem sie lebt. Aber sie spürt, dass jemand da ist, der sie nicht allein lässt: Lucas. Er ist 19, hat atemberaubend tätowierte Unterarme, macht ein Freiwilliges Soziales Jahr auf der Pflegestation – und tut jetzt das Richtige: Er ist aufmerksam, zugewandt, einfühlsam. Ich, die ich die Andacht leite, weiß in diesem Moment: Ich kann mit meiner Ansprache, mit den Gebeten und Liedern fortfahren, denn unsere Bewohnerin ist auch in ihrer Unruhe umsorgt. Lucas ist da. Er tut der alten Dame gut. „Ich weiß nicht, warum sie in diesem Augenblick weinen musste", wird Lucas mir später erzählen. „Aber sie hatte doch ein so schweres Leben. Kein Wunder, dass sie immer mal traurig wird. Für mich ist es selbstverständlich, dass ich dann bei ihr sitze und ihr etwas Sicherheit gebe."

Einige Stunden vorher, am Vormittag in der Förderschule: Natascha ist völlig durch den Wind. Sie will nicht sitzen, nicht lesen, nicht rechnen, nicht denken. Sie will am Handy daddeln. Sie ist 14. Manchmal könnte man meinen, sie wäre erst vier, so hibbelig ist sie. Ihre Lehrerin setzt sich zu ihr und redet mit ruhiger Stimme: „Natascha, das ist jetzt okay. Du nimmst dir für eine Weile das Handy. Sagen wir fünf Minuten? Dann arbeiten wir weiter, einverstanden?!" Die Schülerin nickt. Nach fünf Minuten wird die Lehrerin wieder neben ihr sitzen. Sie werden den Englisch-Unterricht aufgreifen. Bis Natascha nach einer Viertelstunde erneut unruhig wird. „Magst du einen Moment rausgehen?", fragt die Lehrerin. „In ein paar Minuten ruf ich dich, dann schau'n wir auf Mathe." Nach einer Weile sitzen die beiden über den Zahlen, bis Natascha bald wieder eine Auszeit braucht. So geht das den ganzen Vormittag. „Woher nehmen Sie die Geduld?", frage ich die Lehrerin in der Pause. „Ach, wissen Sie: Wenn Sie die Lebensgeschichte dieses Mädchens kennen, dann müssen Sie einfach Verständnis dafür haben, dass Natascha nicht stillsitzen und konzentriert arbeiten kann. Aber wir machen gute Fortschritte. Dafür haben wir ja hier in der Förderschule die Möglichkeiten: kleinste Klassen, individuelle Förderung. Ich bin mir sicher, Natascha wird einen guten Schulabschluss schaffen und ihren Weg machen."

Nur zwei Momentaufnahmen aus dem Alltag von diakonischen Einrichtungen. Viele weitere ließen sich anfügen aus Krankenhäusern, KiTas, Schuldnerberatungen, Flüchtlingsheimen. Alles, was dort geschieht, geschieht aus Liebe. Deshalb hat die Diakonie Deutschland diese vielfältigen Aktivitäten unter das Motto „#ausLiebe" ge-

stellt und erzählt auf der Homepage „ausliebe.diakonie.
de" viele diakonische Liebesgeschichten.

Mit diesem Begriff „Liebe" ist natürlich nicht das Verliebtsein zwischen zwei Menschen gemeint. Auch dies
ist eine wunderbare und wohltuende Form der Liebe –
aber es ist ein Gefühl. Es verleiht uns zwar ein „Kribbeln
im Bauch". Wir können es allerdings nicht geplant steu-
ern und erst recht nicht so an- und abschalten, wie wir
wollen. Es gibt jedoch neben dem *Gefühl* auch die *Haltung* der Liebe. Genau die ist in der Diakonie gemeint.

Liebe als Haltung – dazu kann ich mich entscheiden.
Jeder Mensch kann sie wollen und einüben: den Menschen begegnen und sie so ansehen, wie Jesus, die Liebe
in Person, es tat. Ich kann von Jesus lernen, jeden anderen Menschen als Gotteskind wahrzunehmen. Ich kann
mir eine Haltung von Verständnis, Geduld und Einfüh-
lung aneignen. Diese Haltung der Liebe ist etwas anderes als bloße Emotion und erst recht keine Gefühlsduselei. Es geht um eine Lebenseinstellung und um eine
bewusste Lebensentscheidung, die die Welt besser machen wird. Denn alles, was aus Hass geschieht, haben
wir schon genug in dieser Welt. Der
Haltung „aus Liebe" geht es darum, *Liebe als Haltung –*
das Gegenteil zu tun: Menschen zu *dazu kann ich mich*
fördern. Dem Frieden zu dienen. *entscheiden.*

Ich sehe das jeden Tag in unseren Häusern und Schulen: Menschen, die sich an Jesus orientieren und sich
von seinem Vorbild anfeuern lassen. Sie schauen genau
hin, was Menschen erlebt haben. Nataschas Eltern etwa

wurden drogenabhängig und konnten sich kaum um die Kleine kümmern. Erst mit zwei Jahren kam sie in eine Pflegefamilie. Kein Wunder, dass sie nicht so leicht lernen kann wie andere Jugendliche. Menschen wie ihre Lehrerin sind überzeugt: Auch vernachlässigte Kinder sind Gotteskinder, auch in sie hat Gott Fertigkeiten und Talente gelegt. Und jemand wie Lucas gibt dement gewordenen Menschen Rückhalt im Hier und Jetzt, auch wenn sie selbst Raum und Zeit verloren zu haben scheinen. Er bringt ihnen die Würde entgegen, die Gott ihnen geschenkt hat. Ja, das begegnet mir überall im diakonischen Tun: Menschen handeln „#ausLiebe" – und sind damit in Jesu Fußstapfen unterwegs.

Annegret Puttkammer ist Pfarrerin und leitet den Neukirchener Erziehungsverein.

RALF RICHTER

„Conspiracy of Kindness"

Die Aktion war außergewöhnlich: Während die eine Hälfte der Gemeinde an diesem Sonntagmorgen in den Räumlichkeiten einer englischen Mädchenschule mit lauter Stimme Lob und Preis anstimmte, wirbelte die andere Hälfte der Gemeinde in der großen Schulküche an Herd und Backofen, um ca. 100 Mahlzeiten zuzubereiten, die nach dem Gottesdienst in großen Kanistern an das Londoner Embankment gebracht werden sollten. Essen und Gottesdienst mussten also möglichst gleichzeitig enden. Die etwa 40-minütige Fahrt von St Albans nach London war von gespannter Aufmerksamkeit geprägt: Wer würde sich am Embankment, also unter der Themsebrücke, einfinden, um von uns eine Portion herzhaften (herz-haften!) Eintopf und Obst entgegenzunehmen? Es waren viele, fast hundert, die hungrig und dankbar die dampfenden Schüsseln entgegennahmen. In abgetragenen, schmutzigen Kleidern saßen sie anschließend stumm da und aßen ihre Suppe. Auch die Gemeindeglieder waren stumm geblieben. Keine biblischen Gesänge, keine biblische Verkündigung, keine Bibel-Verteil-Aktion. Vielleicht wussten die Leute, dass die Aktion von einer Kirche veranstaltet worden war – jedenfalls von komischen Leuten, die offenbar an einem winterlichen Sonntag wenig mit sich anzufangen wussten. Die Leute aus der Gemeinde waren einfach gekommen, um leiblichen Hunger zu stillen. Nicht mehr, nicht weniger. Oder wie die Engländer sagen: No strings attached. Keine Hintergedanken.

Ich hatte diese Geschichte bei Steve Sjogren gelesen. Unter dem Titel „Conspiracy of Kindness" (deutsch: „Faszination der Freundlichkeit") hatte er eine Reihe von Beispielen gesammelt, wie eine Gemeinde das Evangelium ‚liebevoll' zu den Menschen auf die Straße bringen kann. Oder auch in die Gemeinde. Wir waren gut im Kochen, unser Koch stammte aus Indonesien, Töpfe und Pfannen waren seine Predigt und Texte. Von ihm kam, glaube ich, auch die Idee der „Meals for Mums". Wer in der Gemeinde ein Kind zur Welt brachte, wurde reihum – also von den vielen kleinen und großen Köchinnen und Köchen der Gemeinde – fünf Wochen lang bekocht. Manche munkelten, dass auf diese Weise viele junge bzw. werdende Familien zur Gemeinde stießen und wir so gleichzeitig in den Genuss eines erklecklichen Gemeindewachstums kamen. Auch meine Frau und ich kamen in den Genuss des Bekochtwerdens – solch einen Liebesschauer lässt man sich doch nicht entgehen. Und natürlich gab es auch einen „Reward", einen Lohn: Wer das Essen an die Tür brachte, der durfte auch einen Blick auf unser neugeborenes Töchterchen werfen.

Als Gemeinde das Evangelium ‚liebevoll' zu den Menschen auf die Straße bringen

Jahre später waren wir als Familie mit drei Töchtern im Teenager-Alter auf dem Weg nach Moldawien. Eine Mitarbeiterin unserer Gemeinde in der Nähe Offenbachs hatte die verrückte Idee, im Norden der kleinen und wohl auch ärmsten Republik Europas einen Kinderspielplatz inmitten einer Kleinstadt nahe der Grenze zu Russland zu bauen. Dank des Missionswerks Operation Mobilisation (OM) hatten Mitarbeiter in Kischinau Baumaterial und einen Baumeister bereitgestellt, wir kamen als über 20-köpfige Gruppe, drei Familien mit Kindern und mehrere Einzelpersonen. Unter Anleitung haben wir dann im zentralen Stadtpark vor den Augen einer täglich wachsenden Zuschauermenge Spielgerüst um Spielgerüst aufgebaut und bunt bemalt. Zur Einweihung waren auch Vertreter der Stadt eingeladen und vor allem die vielen Kinder, die über Tage unser Treiben argwöhnisch, aber auch angespannt beobachtet hatten. Natürlich haben wir dieses Mal, mit Spiel und Spaß, biblischen Erzählfiguren und (englischen) Liedern auch von Jesus erzählt. Aber mehr Verwunderung und Staunen hat ausgelöst, dass hier Väter, Mütter, Opas und selbst Kinder ihren Urlaub bzw. ihre Ferien drangegeben haben, um in der Mittagshitze nicht im Meer zu baden, sondern mit Bohrmaschine und Betonmischer unter der Sonne zu schwitzen.

Wir sind aber nach einer anstrengenden Woche doch noch zum Baden gekommen. Freundliche Moldawier lotsten uns an einen kleinen Badesee außerhalb der Stadt. Ein paar Bäume am Ufer spendeten Schatten, unsere Gastgeber grillten Fleisch über offenem Feuer. Die Stimmung war ausgelassen. Das änderte sich allerdings abrupt, als auf einer Anhöhe eine ganze Herde Kühe sichtbar wurde, die offensichtlich auch der Hitze überdrüssig in Richtung Wasser getrieben wurde. Die Kühe hatten dann (vermutlich) einen wirklich erholsamen, um nicht zu sagen erfrischenden Nachmittag, und wir haben schleunigst das Weite gesucht und lachen heute noch über diese ungewöhnlichen bzw. ungebetenen Badegäste …

Pfarrer Ralf Richter ist Leiter des GRZ-Krelingen (Walsrode).

Das Kirchlein am Hang

Diese Frau tut es mit Liebe, mit viel Liebe zu Jesus. Das
kann man spüren, selbst wenn man sie nicht kennt. Ich
spürte es, als ich die unscheinbare Kapelle in dem kleinen Waldhufendorf besuchte. Etwa 200 Einwohner leben auf den wenigen Höfen und in den denkmalge-
schützten Fachwerkhäuschen. Malerisch ist das Dorf in
die hügelige Landschaft eingebettet. Die Bundesstraße
ist weit. Hier gibt es keinen Durchgangsverkehr. Es ist
sehr still. Vorwiegend Radfahrer und Wanderer kommen hier durch. Ich besuchte das Dorf für ein Interview.
„Kann man die Kirche besichtigen?", fragte ich meine
Gesprächspartnerin. „Ja, sie ist immer offen. Und sollte
doch mal zu sein, einfach im Haus nebenan klingeln",
war die Antwort. Das machte mich neugierig.

Unscheinbar liegt das Kirchlein am Hang. Die Fassade erscheint verblichen, Fenster zur Straße hin gibt
es nicht. Im Vorbeieilen könnte man denken, es sei ein
Kriegerdenkmal. Doch der Eingang liegt abseits der
Straße. Drinnen begrüßen mich die warmen, bunten
Farben bäuerlicher Barockmalerei, die von tiefem Glauben zeugt. Ich bin kein Experte für Architektur und
auch nicht besonders kunstbewandert. Aber hier fühle
ich mich auf Anhieb wohl. Alles erscheint warm und
freundlich. Ein Bild des Gekreuzigten auf dem Altar,
Heiligenbilder an der Kanzel. Bibelverse an der Empore,

alles bunt und in bäuerlicher Art. Es ist eine der ältesten Kapellen im Landstrich, das erfahre ich später. Ursprünglich war es wohl eine Wallfahrtskapelle. Aber was macht dieses Kirchlein so heimisch? Mir fällt auf: Da stehen frische Blumen. Die ausgelegten Schriften sind aktuell und wohlgeordnet. Aber finden hier nicht nur selten Gottesdienste statt? Einen Pfarrer gab es nie.

Ich lese kurze Informationen zur Geschichte des Gebäudes und finde in einem Bilderrahmen ein persönliches Zeugnis. Die Familie XY hat den Brief des bei einem Unfall verstorbenen Vaters für die Besucher der Kapelle veröffentlicht. Sie schreibt dazu: „Die Heilsgewissheit, die diese Zeilen zum Ausdruck bringen, ist uns ein großer Trost. Wir möchten diesen Trost weitergeben an alle, die mit uns trauern oder auf der Suche nach dem Sinn des Lebens sind." Es folgt ein Brief, den die Familie im Nachlass des Verstorbenen gefunden hatte. Darin wendet er sich an einen Leserbriefschreiber der Tageszeitung. Er habe gelesen, wie der Schreiber auf der Suche nach dem Sinn des Lebens sei. Darum bittet er ihn, die Bibel zu lesen. „Sinn und Ziel des Lebens ist das ewige Leben bei Gott", schreibt er und erklärt den Weg dahin mit Johannes 3,16: „Also hat Gott die Welt geliebt, dass er seinen einzigen Sohn gab." Und ich spüre: In dieser Kapelle wird Glaube gelebt, ganz persönlich und mit viel Liebe.

In dieser Kapelle wird Glaube gelebt, ganz persönlich und mit viel Liebe.

Dann lerne ich Frau J. kennen. Sie wohnt im Nachbarhaus. Seit über 50 Jahren schließt sie jeden Morgen die Kapelle auf und abends wieder ab. Liebevoll schmückt sie den Altar. Hier betet sie täglich für ihre Familie, für ihr Dorf, für die Welt. Wenn im Dorf jemand verstorben ist, läutet sie die Glocken. Manchmal steht sie dann mit den Angehörigen am Altar und betet mit ihnen. Niemand hat sie dazu beauftragt. Aber das ist nicht alles. Vorüberkommende Besucher der Kapelle spricht sie an, fragt nach dem Woher und Wohin. Im nahe gelegenen Wald gibt es eine Hütte für Wanderer. Wer dort übernachtet hat, kommt bald an der Kapelle vorbei. Dann fragt Frau J.: „Da können Sie doch sicher einen Kaffee vertragen?" Und schon finden sie sich auf der winzigen Terrasse hinter ihrem Haus beim Frühstück wieder. Zeit für Gespräche über Gott und die Welt. Auch ich finde mich hier wieder. Von der Bank aus kann ich den winzigen Bauerngarten sehen, in dem die Blumen für den Altar wachsen. Was hat die Frau dazu gebracht, sich so treu und liebevoll um die Kapelle, die Besucher und das Dorf zu kümmern? Sie erzählt davon, wie sie als junge Frau zu ihrem Mann ins Dorf zog. Damals habe sie gedacht, dass sie geistlich verhungern würde. In dem Dorf ist bis heute nicht viel los. Sie begann, täglich in die Kirche zu gehen, und machte diese für alle zugänglich. Gleichzeitig lud sie die Kinder des Dorfes ein. Jedes Jahr zu Weihnachten übt sie mit ihnen ein Krippenspiel ein. Dann kommen die Dorfbewohner und die Kirche füllt sich. Das ist ein Höhepunkt im Dorfleben. Ohne viel Aufsehen lebt diese Frau ihren Glauben, und was sie tut, das tut

sie mit Liebe. Die Besucher der Dorfkirche können das
spüren.

Margitta Rosenbaum ist freie Journalistin und Referentin.

MAIKE SACHS

Aus Liebe degradiert

Liebe macht großzügig. Denn wer liebt, der schenkt:
Blumen zum Hochzeitstag, ein passendes, lang ersehn-
tes Geschenk zum Geburtstag, ein sorgfältig gestaltetes
Bild für die Großeltern oder umgekehrt ein kostbares
Familienstück für Enkel und Urenkel. Dafür investiert
Liebe gern mal Geld, Zeit oder die Überwindung, etwas
Liebgewordenes loszulassen.

Liebe verändert. Sie verändert nicht nur nach innen, sie
schärft den Blick für den anderen. Sie gibt der Stimme,
den Worten und dem Handeln eine andere Färbung.
Selbst Kritik klingt angenehmer, wenn sie aus Liebe ge-
äußert wird. Und auch diese Liebe gibt es nicht umsonst.

Liebevolle Worte brauchen einen Gedanken mehr
und manchmal eine Riesenportion Geduld und Barmherzigkeit.

Liebe in Wort und Tat kostet. Wirklich kostbar aber
wird die Liebe, wenn sie ein Opfer verlangt, wenn sie

mehr ist als ein spontanes oder erwartbares Geschenk, viel mehr als ein gutes Wort. Avniu zum Beispiel war zu dieser Liebe bereit. Sie hat ihn die Karriere und damit die Anerkennung und ein relativ angenehmes Leben gekostet. Aber er hat den Preis bezahlt, aus Liebe.

Wirklich kostbar aber wird die Liebe, wenn sie ein Opfer verlangt.

Avniu wurde Anfang des 20. Jahrhunderts in Albanien geboren. Er studierte Agrarwissenschaften und stieg nach dem Zweiten Weltkrieg in höchste Regierungskreise auf, obwohl er noch relativ jung war. Aber es war ja auch eine junge Republik, eine sozialistische Volksrepublik. Avniu wurde Landwirtschaftsminister im Kabinett des Präsidenten Enver Hodsha. Auf einer der Auslandsreisen als Kabinettsmitglied lernte er in Bulgarien Donka kennen. Sie wurde die Liebe seines Lebens. Sie heirateten und zogen nach Tirana, wo Avniu seinen Aufgaben als Politiker nachging. Donka lernte tapfer die Sprache ihrer neuen Heimat. Zwei Kinder wurden den beiden geschenkt.

Doch dann änderte sich die Politik. Längst war Albanien eine Diktatur mit rigiden Maßnahmen geworden, die sich mehr und mehr nach außen abschottete. Es gab keine Auslandsreisen mehr und nach und nach wurden alle Handelsbeziehungen mit Partnerländern eingestellt. Selbst das Leben im Land wurde für Menschen mit fremdem Pass schwierig. Bis eines Tages ein Gesetz erlassen wurde, dass alle Ehen aufzulösen seien, die Albaner mit Ausländern geschlossen hatten. Albanien sollte ganz den Albanern gehören. Plötzlich stand Avniu vor der Wahl: Familie oder Karriere. Er musste sich von seiner Frau trennen oder er würde in Ungnade fallen.

Avniu entschied sich für seine Frau. Er verlor sein Amt, alle Ehrungen, die er als verdienter Staatsdiener erhalten hatte, und sein Einkommen. Sie verloren ihre Wohnung und das Recht, in Tirana zu bleiben, wo das Leben um ein Vielfaches einfacher war als sonst im Land.

Donka und Avniu mussten mit ihren Kindern in eine Stadt ziehen, die von Internierungslagern umgeben war. Mitten unter vielen Menschen, die ebenfalls in Ungnade gefallen waren, lebten sie in einfachsten Verhältnissen. Und Avniu musste nun selbst Hacke und Spaten in die Hand nehmen und auf dem Feld oder in den großen Plantagen der landwirtschaftlichen Genossenschaft arbeiten. Aber die Liebe hatte ihm keine Wahl gelassen.

Später bekam Avniu eine Stelle in der Verwaltung, denn er war herzkrank und die körperliche Arbeit fiel ihm schwer. Er war der Anstrengung einfach nicht gewachsen. Bis ins hohe Alter hinein trugen die beiden an dieser folgenschweren Entscheidung. Denn die Rente war klein. Donka als Ausländerin war es verboten gewesen, eine Arbeitsstelle anzunehmen. So waren sie ganz auf das angewiesen, was Avniu als kleiner Beamter bekam.

Als ich die beiden kennenlernte, lebten sie schon viele Jahre im Ruhestand. Sorgfältig wachte Donka über ihren Haushalt, damit sie überhaupt genug zu essen hatten und das nötige Geld für Avnius Medikamente blieb. Gleichzeitig war sie eine warmherzige, freundliche, großzügige und dankbare Frau. Keine Spur von Bitterkeit über einen Lebensweg, der sie so viele Opfer gekostet hatte. Liebevoll umsorgte sie ihren Mann, der inzwischen pflegebedürftig war, und strahlte, wenn sie über ihn sprach. Dass er sich damals für sie entschieden hatte, erzählte sie mir immer wieder. Sie brauchte keine Blumen, kein Geschenk oder Erbe. Sie wusste: Die größte Gabe war es gewesen, dass er sich ganz zurückgestellt hatte. Nur so konnten sie beieinanderbleiben. Und das hatte für ihn gezählt. Was er sich bis zum Tag der Entscheidung erarbeitet hatte, war nicht so wertvoll wie die Frau, die er geheiratet hatte. Aus Liebe zu ihr hatte er sich degradieren lassen.

Nicht immer muss unsere Liebe einen so hohen Preis bezahlen, auch wenn sie ahnen lässt, wie kostbar Gottes Liebe zu uns ist. Avnius Entscheidung hat mir Achtung abverlangt. Gleichzeitig konnte ich an ihm und seiner Frau sehen, dass Liebe nie umsonst ist. Was er in ihr gemeinsames Leben investiert hatte, hat ihre Jahre hell und warm werden lassen. Donka selbst hat es einmal auf den Punkt gebracht: „Weißt du", sagte sie zu mir, „wenn die Liebe jung ist, dann ist sie wie die Mittagssonne. Aber wenn man miteinander alt wird und die Sonne untergeht, dann werden die Farben immer schöner." Dabei strahlte sie über das ganze Gesicht. Dieses Leuchten war allen Einsatz der Liebe wert.

Pfarrerin Maike Sachs ist Studienleiterin im Albrecht-Bengel-Haus in Tübingen.

Meine Mutter

Aufgewachsen bin ich im Ruhrpott, genauer gesagt in Bochum. Meine Heimatstadt liegt mir bis heute sehr am Herzen. Wahrscheinlich deshalb, weil ich eine wunderbare Kindheit erleben durfte. Als viertes von insgesamt sieben Kindern bin ich in einer großen Familie aufgewachsen. Es war wunderbar. Wir lebten in einer Großfamilie: Neben uns wohnten Tante und Onkel mit meinen Cousins und Cousinen, daneben Opa und Oma. Um unsere Häuser gab es Gärten und Felder. Ganz anders, als es eine Großstadt vermuten lässt.

Als kleiner Bub ging ich oft morgens zur Oma und Tante und fragte, was es denn heute zum Mittagessen gäbe. Dann lief ich zu meiner Mutter und befragte sie. Anschließend habe ich mir das beste Essen ausgesucht. So hatte ich schon als Kind den Luxus, zwischen drei Menüs wählen zu dürfen. Wenn es allerdings überall Spinat gab, hatte ich schlechte Karten.

Je älter ich werde, desto mehr staune ich darüber, wie behütet ich aufwachsen durfte. Die liebevolle Zuwendung meiner Großeltern und Eltern hat mir unendlich gutgetan und mich stark gemacht.

> *„Wenn es überall Spinat gab, hatte ich schlechte Karten."*

Ich bin davon überzeugt, dass meine Schaffenskraft und Stabilität eine Folge davon sind, als Kind wirklich geliebt worden zu sein. Eigentlich wollte ich immer fünf Jahre alt bleiben und nicht mit sechs Jahren in die Schule gehen, weil ich mein „Liebesnest" nicht verlassen wollte.

Natürlich war die Liebe meiner Mutter unüberbietbar. Wenn wir Kinder krank waren, litt sie mit uns und betete für uns. Meine Mutter konnte sich in unser Befinden hineinfühlen. Manchmal hatte ich sogar den Eindruck, dass sie alles fühlt, was wir Kinder erleben. Ich erinnere mich daran, dass sie mich nach der Rückkehr von einer Reise ansprach. Wir waren mit rund 100 Musikern mit dem Bochumer Jugendsymphonieorchester auf einer Konzerttournee unter anderem auf der Nordseeinsel Borkum gewesen. Dort ging es mir sehr schlecht. Ich hatte einige sehr schwierige Erlebnisse. „Ich habe für dich gebetet, weil ich wusste, dass du Not hast", sagte sie mir. Dann erzählte ich ihr, was alles geschehen war. Sie hatte es gespürt.

Was mir immer wieder vor Augen steht: Meine Mutter lebte uns Kindern einen echten und natürlichen Glauben vor. Sie betete mit uns. Sie erzählte uns von ihren Erlebnissen, die sie mit Jesus hatte. Oft sang sie mir das Lied „Gott ist die Liebe" vor. Dort heißt es in einer Strophe: „Du heilst, o Liebe, all meinen Jammer, du stillst, o Liebe, mein tiefstes Weh." Und dann der Refrain: „Drum sag ich noch einmal: Gott ist die Liebe, Gott ist die Liebe, er liebt auch mich." Ich höre noch ihre Stimme beim Singen. Diese Gebete, wie sie von ihrem Glauben erzählte und die Lieder prägen mich bis heute. Ich erlebte in meinem Elternhaus Christsein in Klarheit und Freiheit, eben Christsein voller Liebe.

Die Liebe meiner Mutter zeigte sich auch darin, dass sie mich sehr ermutigte und mich unterstützte, wenn ich mich in der christlichen Gemeinde einbrachte. Sie freute sich und interessierte sich für meine Aktivitäten in der Kinder- und Jungschararbeit. Immer wieder lud sie die jungen Leute zu uns ein und servierte vom Feinsten. Sie freute sich, wenn wir uns als Jugendkreis trafen. Sie sorgte dafür, dass wir immer ein offenes Haus hatten und viele sich wohlfühlten. Meine Mutter war eine exzellente Gastgeberin. Bis heute erzählen mir Weggefährten von diesen wunderbaren Treffen bei uns zu Hause.

Auch mein weiterer Weg in den hauptamtlichen geistlichen Dienst wurde segnend und liebevoll von meinen Eltern begleitet. Obwohl wir immer in größerer Entfernung von unseren Eltern lebten (Kärnten, Kassel, Schwäbisch Gmünd) und wir uns deshalb nur ab und zu persönlich treffen konnten, war stets eine interessierte, Anteil nehmende und liebevolle Beziehung lebendig.

Knapp fünf Wochen nach dem Tod meines Vaters im 96. Lebensjahr starb meine Mutter am 2. Oktober 2022 im Alter von 91 Jahren. Nach mehr als 71 Jahren Ehe hatte der Verlust ihres Ehepartners ihr den Lebenswillen genommen. Über meinen Vater sagte sie immer wieder: „Mein Mann ist der schönste in ganz Deutschland." Meine Eltern waren sehr unterschiedlich. Meine Mutter hatte eine sehr emotionale und einfühlsame Art, mein Vater war mehr sachlich und nüchtern unterwegs. Gemeinsam waren sie unschlagbar.

Bei meiner letzten Begegnung kurz vor ihrem Heimgang zu unserem himmlischen Vater hatten wir eine richtig fröhliche Zeit. Wir haben gemeinsam gesungen und gelacht. Durch die fortschreitende Demenz meiner Mutter war eine intensive Kommunikation nicht mehr möglich. Aber auf Lieder und Gebete reagierte sie stark. Mir bleibt bei der Verabschiedung ein liebevoller Blick meiner Mutter, eine herzliche Umarmung und ein letzter Kuss von ihr.

Martin Scheuermann ist theologischer Leiter und Direktor des Christlichen Gästezentrums Schönblick in Schwäbisch Gmünd.

REINHARDT SCHINK

Dicke Luft im Leib

Ich hatte es gewusst – eigentlich. Aber ich hatte nicht entsprechend gehandelt. Deshalb befand ich mich nun mitten in einem „Mail-Ping-Pong". Eine Mail provozierte sogleich die nächste Mail. Eine Antwort forderte die nächste heraus und statt einer Lösung zeichnete sich nur eine für beide Seiten frustrierende Mail-Endlosschleife ab. Nach kürzester Zeit sahen wir nicht mehr, wie viel uns verbindet, sondern die vergleichsweise überschaubaren Differenzen türmten sich zu einem scheinbar unüberwindbaren Berg auf, hinter dem der andere gar nicht mehr zu sehen war.

Ich hatte es gewusst – eigentlich. Im sich immer schneller drehenden Teufelskreis des Mail-Ping-Pong verloren wir zuerst das eigentliche Thema aus dem Blick, dann blieb der gute Ton auf der Strecke und schließlich katapultierten die beschleunigten Zentrifugalkräfte die gegenseitige Wertschätzung ins Nirwana. Ich war mir dessen bewusst – und doch zog ich die Bremse nicht.

Ich hatte es gewusst – eigentlich. Deshalb hatte ich in meiner ersten Antwort auf die Mail ein persönliches Gespräch angeboten. Doch trotzdem hatte ich dann auf die folgende Mail inhaltlich geantwortet. So ergab ein Wort das andere. Deshalb saß ich – obwohl es schon viel zu spät war – noch immer mailschreibenderweise vor dem PC und wusste, dass die vor mir liegende Nachtruhe äußerst kurz, nein, viel zu kurz werden würde.

Ich hatte es gewusst – eigentlich. Übernächtigt und ausgepowert auf eine mehrtägige Skitour zu gehen, ist keine clevere Idee. So schleppte ich mich am nächsten Morgen recht groggy den Berg hinauf. Immer wieder dachte ich an das Mail-Ping-Pong der vergangenen Nacht zurück. Ausgangspunkt war die Kommentierung einer Veröffentlichung der Evangelischen Allianz Deutschland. Es ging um nichts Heilsentscheidendes, sondern um eine der vielen Fragen, auf die wir in diesen herausfordernden Zeiten der strukturellen Umbrüche, der Verunsicherung und der sehr divergierenden Lösungsansätze eine Antwort finden müssen. Ohne Zweifel, es war eine wichtige und komplexe Frage, aber allen Beteiligten war klar, das es nicht um „richtig" oder „falsch" ging, sondern welche mögliche Lösung am besten wäre. Es ging nicht um Leben oder Tod, sondern um die Kategorien „besser" oder „weniger gut". Eigentlich hätten wir ganz entspannt gemeinsam um die beste Antwort ringen können. Eigentlich. Aber dazu kam es ja nicht. Leider.

Schon zu Beginn hatten wir in unserer Mailkonversation unbewusst „Trigger-Points" beim Gesprächspartner berührt, die beim anderen eine Reaktion hervorriefen. Bei mir war dies der Verweis auf eine andere Mail, die mich auf Umwegen erreicht hatte und in der auf polemische Weise sachlich falsche Behauptungen verbreitet wurden. Und plötzlich ging es nicht mehr um die Ausgangsfragestellung, sondern um diese Mail und in der nächsten Runde unseres Mail-Ping-Pongs um die dahinterliegenden ganz grundsätzlichen Fragen …

Eigentlich hätte es eine fruchtbare Konversation sein können, aber irgendwie hatten wir uns verhakt. Vielleicht lag es an der späten Nachtstunde oder den herausfordernden Monaten davor. Jedenfalls las ich aus den Mailzeilen nur noch Forderungen, Anklagen und Verdrehungen. Kein Verständnis, kein Eingeständnis, dass etwas mir gegenüber nicht gut gelaufen sei, oder gar ein Wort des Bedauerns. Nichts von alldem. In meiner Perspektive war alles so unfair. Entsprechend deutlicher wurde der Ton meiner Antworten. Deeskalation funktioniert anders und ungewollt war plötzlich dicke Luft im eigentlich vertrauensvollen und wertschätzenden Miteinander.

So schleppe ich mich also den Berg hoch. Die Tour hatte ich mir ganz anders vorgestellt. Leichtfüßig sollte es bergauf gehen und inspiriert durch die wunderschöne Natur würden mir die richtigen Gedanken für diesen Text zur Jahreslosung wie von selbst kommen.

Stattdessen kreisten meine Gedanken um das nächtliche Mail-Ping-Pong einerseits und die Jahreslosung andererseits. *„Alles, was ihr tut, geschehe in Liebe."* Alles meint schlicht alles, also auch das Mailschreiben. Geschah dies gestern Nacht in Liebe? Ich zögere – zwar war die Kommunikation nicht eskaliert, aber „in Liebe" ist schon ein höheres Qualitätsniveau als das schlichte Einhalten der Regeln der guten Kinderstube. Andererseits ging es ja um unterschiedliche Positionen. Und die gehören klar benannt. Dazu braucht es Klartext. Liebe meint ja keine Gefühlsduselei und sie lässt auch nicht einfach „fünfe gerade" sein. Klarheit muss um der Wahrheit willen sein. So will ich mich vor mir selbst rechtfertigen, merke aber, dass das Argument zwar richtig ist, aber zu kurz greift. Klarheit ist kein Widerspruch zur Liebe.

„Wachet, steht im Glauben, seid mutig und seid stark!" (1. Korinther 16,13), so formuliert es Paulus im Vers vor der Jahreslosung. In seinen Auseinandersetzungen mit Irrlehrern und in seinem Ringen um ein gesundes Wachstum im Glauben für Juden- und für Heidenchristen zeigt er, dass es beides braucht: das Eintreten für die Wahrheit des Glaubens in einer unbestechlichen Klarheit und dass gerade dies in Liebe geschieht.

Mich erreichen viele Mails, in denen Christen darauf hinweisen, man müsse klarer für die Wahrheit eintreten und dürfe nicht durch die Forderung, jeden Menschen in Liebe so anzunehmen, wie er ist, die Wahrheit des Evangeliums verwässern oder sich dem Zeitgeist anpassen. Sie spüren, dass durch den Begriff der „Liebe" die „Wahrheit" ausgehebelt werden soll. Aber anstatt sich gegen ein pervertiertes Verständnis von „Liebe" zu wehren und dafür zu kämpfen, „Liebe" als zentrales Wesensmerkmal des christlichen Glaubens wiederzugewinnen, reagieren sie wie in einer allergischen Abstoßreaktion auf den Begriff und unterstellen ein Einknicken vor dem Zeitgeist. So entsteht viel dicke Luft im Leib Christi, dessen Glieder doch in aller Unterschiedlichkeit in Einheit und in Liebe zusammen sein sollen.

Es ist überraschend, wie viele Geschwister, denen die Abgrenzung vom Zeitgeist zu Recht sehr am Herzen liegt, selbst in der Art ihres Redens voll vom Zeitgeist erfasst sind: voll Schärfe, ja manchmal sogar Hass, Ironie, Polemik, abwertend … All dies entspricht „dem Muster dieser Welt" (Römer 12,2) und dem Zeitgeist, der meint, dass nur verbale Gewalt gehört und sich durchsetzen würde. Aber Ruppigkeit ist kein Kennzeichen von Bekenntnisstärke und fördert auch nicht die Klarheit. Demgegenüber sind Sanftmut und Liebe das Gegenteil des Zeitgeistes, denn sie entsprechen der Art

Jesu. Ich wünsche mir, Sanftmut und Liebe wiederzugewinnen, denn auf ihnen liegt die Verheißung. Durch
sie gewinnen wir die Herzen unse-
rer Gesprächspartner – unserer Geschwister, die wie wir Glieder am
Leib Christi sind, ebenso wie die
Herzen der Menschen, die Jesus
noch nicht kennen.

*Sanftmut und Liebe
sind das Gegenteil des
Zeitgeistes, denn sie
entsprechen der Art
Jesu.*

Wir wissen es – eigentlich:

Das Doppelgebot der Liebe ist das Wichtigste – eigentlich.

Das Hohelied der Liebe in 1. Korinther 13 ist ein gern
zitierter Text – eigentlich.

Alles soll in der Liebe geschehen – eigentlich.

Aber wann prägt dieses ganze Wissen „eigentlich"
endlich mein Leben?

Wann wird es handlungsleitend? Wann durchdringt
es die ganz einfachen, natürlichen und kleinen Dinge
des Alltags, eben zum Beispiel das Mailschreiben?

Wann durchbricht diese Liebe die ganzen unseligen
Teufelskreisläufe, in denen wir persönlich und auch ge-
sellschaftlich gefangen sind?

Ich meine: jetzt. Denn Gott fordert von uns nichts
Unmögliches. Er hat uns schon das fleischerne Herz geschenkt, das lieben kann. Ich kann lieben; ich darf lieben! In den kleinen Dingen des Alltags und im Großen.
Und auch beim Mailschreiben.

Während ich mit einer neuen Perspektive den Berg
hochstapfe, denke ich, wie gut, dass die Ermahnung

auch eine Zusage Gottes ist. Sie darf ich ergreifen. Nicht morgen, sondern jetzt.

Dr. Reinhardt Schink ist Vorstand der Evangelischen Allianz in Deutschland e.V.

MANFRED SIEBALD

„Lieb gehabt"

Es war einer von vielen kulturkundlichen Kursen, die ich in meiner Lehrtätigkeit als Amerikanist an der Universität gehalten habe. Gegenstand des Kurses war der amerikanische Süden und die Studierenden sollten einen Überblick über diese große Region Nordamerikas erhalten, über ihre Geografie, ihre Geschichte und ihre Kultur. Ich lieferte am Anfang den kulturwissenschaftlichen Hintergrund und ließ dann die 30 Menschen, die einen Kursplatz bekommen hatten, reihum eines der Einzelthemen bearbeiten. Sie mussten ein Paper verfassen und die Ergebnisse in einem mediengestützten Vortrag präsentieren. Weil viele im Kurs den Lehrberuf ansteuerten, war dabei möglichst viel Interaktion gefragt, und deshalb sollten die Vortragenden mit gezielten Fragen dem Publikum Reaktionen entlocken – Antworten, Ergänzungen, Widersprüche. Von der erfolgreichen Gesprächsführung hing die Note genauso ab wie von der inhaltlichen Richtigkeit.

An den Kursnachmittag zum Thema „Die Baumwollindustrie und die Sklaverei vor dem Bürgerkrieg" erinnere ich mich noch gut. Drei Referate standen an, und das erste lief prima: Die Referentin war ein bisschen nervös, hatte sich aber sehr gut vorbereitet und schaffte sofort eine Atmosphäre gemeinsamer Neugier – genau wie es sein sollte. Nach dem Vortrag und der Diskussion klopften die Kursteilnehmer kräftig Applaus auf ihren Tischen und schauten anerkennend ihrer Kommilitonin zu, wie sie ihre Papiere zusammenpackte, ihren Datenstick aus dem Laptop zog und sich wieder hinsetzte. Ich dachte: Na, das hat ja richtig gut angefangen. Dann kam der nächste Referent.

Er ging mit selbstbewussten Schritten nach vorn und schaute sich auf dem Weg nach rechts und links um, als wollte er sehen, welchen Eindruck er machte. Als er seine Präsentation auf die Projektionswand gebracht hatte, fing er ohne ein Wort der Begrüßung mit seinem Vortrag an. Ab und zu schaute er in meine Richtung, vermied aber einen längeren Augenkontakt mit den anderen Kursteilnehmern. Als seine erste Impulsfrage auf der Leinwand erschien, forderte er alle zur Antwort auf, und als sich niemand sofort meldete, wiederholte er seine Aufforderung in gereiztem Ton. Schließlich reagierte jemand aus der letzten Reihe, bekam aber umgehend eine verbale Ohrfeige: „Völlig daneben. Wie kann man eigentlich im Hauptstudium noch einen solchen

Unsinn verzapfen?" So ging es weiter, und es war nicht schwer vorauszusehen, dass der Referent mit seiner Arroganz sein Unternehmen bald völlig vor die Wand fahren würde.

Die Gesprächsatmosphäre verschlechterte sich von Frage zu Frage, und als die letzte Folie projiziert wurde, gab es keinerlei Regung vom Publikum. Nur betretenes Schweigen und Fremdschämen. Als er sich gesetzt hatte, gingen die Blicke erleichtert wieder nach vorn zur Projektionsfläche, wo sich schon die letzte Referentin mit dem Laptop beschäftigte. Ihre Präsentation war nicht ganz so souverän wie der erste Vortrag, aber sie schaffte es trotzdem, eine angeregte Diskussion in Gang zu setzen – mit dem Erkenntnisgewinn, den ich mir erhofft hatte.

Nach dem Ende der Veranstaltung rollte ich gerade das Projektionskabel zusammen, als der zweite Referent auf mich zukam, als wäre nichts geschehen. „Na – wie war ich?", fragte er, und seine Miene ließ klar erkennen, dass er seine Leistung rundum positiv bewertete und sich bei mir nur gerade noch die fällige Bestnote abholen wollte. Er hatte anscheinend die Sitzung in seiner eigenen Wahrnehmungsblase durchlebt und Selbstkritik schien außerhalb seiner intellektuellen und emotionalen Reichweite zu liegen.

Was sollte ich ihm sagen? An seiner Beherrschung des Stoffes war wenig auszusetzen. Da hatte es die eine oder andere Ungenauigkeit gegeben und ein paar Details hatten gefehlt, aber zusammen mit der nachvollziehbaren Gliederung war der inhaltliche Teil akzeptabel gewesen. Beim Eiskunstlauf hätte man gesagt: Die A-Note war in Ordnung. Aber wie war es mit der B-Note – für die Qualität der Darbietung? Da gab es massive Abzüge, und ich musste meinem Studenten das irgendwie beibringen. Allerdings ahnte ich schon, dass er höchstwahrscheinlich die Verantwortung für das Misslingen seiner Aktion den anderen im Kurs zuschieben würde. Einer Eingebung folgend, ließ ich mich nicht auf eine vermutlich fruchtlose Diskussion ein, sondern stellte ihm eine einzige kurze Frage: „Haben Sie vorhin ihre Zuhörer lieb gehabt?"

> **„Haben Sie vorhin Ihre Zuhörer lieb gehabt?"**

„Hä?" Er hatte keine Antwort. In seinen Augen war ich wahrscheinlich fachlich und pädagogisch völlig inkompetent – nicht nur weil ich ihn nicht bejubelte und wohl überhaupt auch blind für seine herausragende Kompetenz war. Sondern vor allem wohl, weil ich in einer intellektuellen Umgebung von Liebe sprach. In unserem weiteren Gespräch versuchte ich ihm geduldig zu erklären, warum auch emotionale Kompetenz beim praktischen Wissenstransfer eine wichtige Rolle spielt. Ich bin mir bis heute nicht sicher, ob er das wirklich verstand und mir abnahm.

Hinterher habe ich mich gefragt, wie ich auf meine spontane Wortwahl „lieb gehabt" gekommen war. Vielleicht war es der Satz des amerikanischen Musikers und Musikkritikers Lester Bangs, den ich einmal mehr zufällig gelesen hatte und der mich seither in meinen

Konzerten, aber auch in meinen Lehrveranstaltungen und meinen Predigten begleitet hat. In seinem Nachruf auf Elvis Presley hatte Bangs 1977 in der Zeitung *The Village Voice* geschrieben: „Die ultimative Sünde, die ein Bühnenmensch begehen kann, ist es, sein Publikum zu verachten." Umgekehrt kann man auch sagen: Das Wichtigste für einen Menschen, der vor anderen Menschen steht und ihnen etwas vorsingt oder vorträgt oder predigt, ist nicht nur, dass er sein Publikum nicht verachtet, sondern dass er es – soweit das möglich ist – liebt. Was meine eigene Rolle in diesem Kurs angeht, war es natürlich auch für mich eine Herausforderung, dem Studenten die notwendige Kritik in liebevoller Weise, ohne Ressentiment und ohne Besserwisserei zu äußern. Ich kann nur hoffen, dass mir das damals gelungen ist.

Denn wie leicht schleicht sich nach einer langen Zeit der Vorbereitung auf ein Projekt oder eine Predigt ein Gefühl der Überlegenheit ein, weil man ja ganz objektiv mehr weiß – oder sich zumindest länger vorbereitet hat – als die Zuhörerschaft. Und wie schnell überträgt sich dieses Gefühl auf die eigene Körpersprache, die Mimik, die Wortwahl, den Tonfall. Dagegen gibt es kaum wirksame Techniken, sondern nur das bewusste Einüben einer Grundhaltung: Ich habe *euch*, ich habe *dich* lieb. Zugegeben: Manchmal scheint das schlicht unmöglich. Aber da kann und will uns der Gott helfen, der selbst den lieben langen Tag geduldig lauter Geschöpfe liebt, die von sich aus alles andere als das Prä-

dikat „liebenswert" mitbringen. Und der uns sagen lässt:
„Alles, was ihr tut, geschehe in Liebe."

Dr. Manfred Siebald ist Professor für Literaturwissenschaft
an der Johannes-Gutenberg-Universität in Mainz und
Liedermacher.

GERDI STOLL

Liebe ist mehr als ein Gefühl

Im Supermarkt stehe ich in einer Schlange vor der
Kasse. Mein Einkaufstrolley ist bis oben gefüllt. In der
Hand halte ich noch drei weitere Packungen. Ein junger Mann steht vor mir und hat seine Waren im großen Abstand zu den Waren des Vordermanns aufgelegt.
Ich frage ihn freundlich, ob er sie noch ein wenig nach
vorne schieben würde, damit ich meine drei Packungen
auflegen könne.

Missmutig schaut er mich an, schiebt seine Waren nur
ein wenig nach vorne und sagte: „Sie können genauso
warten wie ich."

Dieses Verhalten hat mich innerlich erschreckt. Was
lag hinter dem Mann? Was ging in ihm vor, dass er sich
persönlich so getroffen fühlte?

Am Tag zuvor waren wir als Mitarbeiter einer dreiwöchigen Kreuzfahrt zurückgekommen. Während dieser Zeit hatten wir eine Crew erlebt, die uns von morgens bis abends das Gefühl gab: Herzlich willkommen! Wir sind für Sie da! Sei es das Housekeeping, das morgens und abends für unsere Kabine sorgte. Sei es die freundliche Bedienung im Buffet-Restaurant, die wie ein Sahnehäubchen die leckeren Gerichte würzte. Egal, ob an der Rezeption viel los war, die Beratung geschah mit so viel Wertschätzung. Und auch bei den Ausflügen spürte man den Reiseleitern ab, dass sie ihren Beruf mit Begeisterung ausführten. Offensichtlich hatte mich die Zeit auf dem Schiff verwöhnt.

Ich denke, alle Mitarbeiter auf einem Kreuzfahrtschiff sind geschult worden. Sie haben eingeübt, worauf es in der Touristik ankommt, dass Passagiere zufrieden sind, sich wohlfühlen und gerne wiederkommen. Die Crew-Mitglieder von den Philippinen und aus Indonesien haben offenbar eine besondere Gabe von Gott bekommen. Sie haben ein natürliches Strahlen, packen an und sind immer hilfsbereit. Das Geld, das sie verdienen, schicken sie größtenteils nach Hause an ihre Familien, die in ärmlichen Verhältnissen leben. Acht bis neun Monate arbeiten sie auf dem Schiff. Erst dann können sie für drei bis vier Monate in ihre Heimatländer zurückfliegen.

Im Vergleich zu ihrer Situation leben wir immer noch im Wohlstand – trotz Verteuerung in allen Bereichen. Unsere Kinder und Jugendlichen sind in diesen Wohlstand hineingewachsen. Für sie ist vieles selbstverständlich geworden. Das Wörtchen „Danke" hat an Bedeutung verloren. Frustrationstoleranz hat einen niedrigen Schwellenwert. Anstrengung möchte man eher aus dem Weg gehen.

Wie müsste wohl ein Seminar überschrieben werden, das unser Verhalten als Christen anleitet, egal, ob wir jung oder reifer sind, sodass wir glaubwürdig werden in der Nächstenliebe, in der Fürsorge, in der Wertschätzung, im Respekt und in der Dankbarkeit voreinander? Liebe ist nicht nur ein Gefühl. Gottes Liebe ist bunt und hat viele Farben. Dadurch bekommt unser Leben Farben, die nach außen strahlen. Liebe, die ihre Wurzeln in Gott hat, drückt auf unser Leben seinen Stempel. Sie prägt unseren Lebensstil.

In unserer Gesprächsgruppe auf dem Schiff haben wir über das Leben der frühen Christen nachgedacht und verglichen mit unserem Leben heute. Wir haben ganz unterschiedliche Lebensbereiche angeschnitten und unsere Erfahrungen ausgetauscht. Christliche Songs umrahmten unsere Treffen und das Gebet, das Reden mit Gott war wie ein Band, das uns fest zusammengehalten hat. Die Zeit auf dem Schiff hat uns gestärkt und wieder fit gemacht für unseren Alltag.

Als wir im letzten Hafen ankamen, wo die Kreuzfahrt ihren Abschluss fand, mussten Hunderte von Koffern ausgeladen werden. Wir stellten sie vor unsere Kabine und die Crew schaffte sie nachts in den vorderen Schiffsbereich. Ein Kran sollte sie morgens von dort an Land verladen.

Doch was war los? Der Kran war rechtzeitig da. Aber

er konnte seine Tätigkeit nicht aufnehmen. Ihm fehlte der Ballast, der das Umkippen verhindern sollte. Wie sollte das Problem gelöst werden? Die asiatische Crew, die in der Nacht bereits tätig war, musste nun diese Hunderte von Koffern vom Schiff an Land bringen. Wirklich ein Kraftakt. Aber noch erstaunlicher war: Es war kein Missmut zu spüren. Wie selbstverständlich kamen sie dieser zusätzlichen und mühsamen Aufgabe nach. Wir konnten ihnen allen nur unseren Respekt und unsere Dankbarkeit zeigen. Dieses Erlebnis hat mich ins Nachdenken gebracht. Möge Gott uns immer wieder neu berühren mit seiner Liebe, dass unser Tun aus seiner Liebe heraus geschehe – ohne Missmut.

Gerdi Stoll, Mötzingen, ist Pädagogin, Pfarrfrau und Referentin.

SILKE TRAUB

Ohrwürmer

Mich stören sie nicht – im Gegenteil: Ich mag es, wenn sich plötzlich so ein Ohrwurm bei mir ins Bewusstsein einnistet. Mitten in lästigen Arbeiten, in ganz entspannten Augenblicken, sogar in angstgeplagten Minuten oder mitten aus einer bunten Gedankenmixtur, die mir durch den Kopf geht – ist er unvermittelt da, der Ohrwurm. Kriecht aus meinem Unterbewusstsein heraus und fängt an in mir zu „summen": Worte, Melodien, Reime.

Im Lauf der Jahre hat diese „Spezies" sich wie eine eigene Kolonie in mir angesammelt und bringt sich ganz von selbst in meine Gedankenkreise ein.

Wenn ich sie mir bewusst gemacht habe, habe ich des Öfteren festgestellt: Ohrwürmer fügen sich wunderbar ein in meine Gedankenwelt, sind sogar wie unbewusste Kommentare zu Überlegungen, die ich mir gerade mache, und geben meinen Gedanken manchmal sogar eine neue Ausrichtung.

Annäherung

Die Jahreslosung 2024 ist für mich wie der „Ohrwurm der Bibel" zu Beginn eines neuen Jahres. Als ich sie zum ersten Mal bewusst wahrgenommen habe und meine Gedanken um sie kreisen ließ, habe ich sie für mich zuerst als komplette Überforderung empfunden: Wie sollte ich das denn machen wollen? Alles!!! – In Liebe tun??? Nein, das übersteigt meine Möglichkeiten komplett – ich kenne mich und weiß, wie ich im Ärger impulsiv, aggressiv und unbeherrscht reagieren kann … Dass Gott alles mit größter Liebe getan hat und bis heute tut, das kann ich glauben; meistens. Daran will ich festhalten, komme, was mag! – Aber ich???

Ich nahm diese erste Annäherung mit in die nächste

Nacht hinein … Am frühen Morgen kroch er langsam in meine noch diffusen Dämmergedanken hinein, der Ohrwurm:

„Love, love changes everything, hands and faces, earth and sky
Love, love changes everything, how you live and how you die …
Love will turn your world around …
Love will never, never let you be the same.“

Eine wunderschöne Text-Melodie-Symbiose des Musical-Komponisten Andrew Lloyd Webber. Die Jahreslosung war, nach diesem morgendlichen „Ohrwurm-Angebot" aus meinem Unterbewusstsein heraus, sofort wieder präsent bei mir. Aber es löste keineswegs meine Skepsis und Selbstzweifel. Es ist zwar wunderschön und jedem Menschen zu gönnen, so eine Veränderung durch die Liebe eines anderen Menschen zu erleben – aber sie ist ja so bedroht! Wir zerstören uns doch diesen Traum zu oft selbst! – *Alles, was ihr tut, geschehe in Liebe!?* – Wie denn?

Die Spur finden

Da machte sich der nächste Ohrwurm in mir auf den Weg in meine Gedankenkreise hinein – jetzt schon in weit wacherem Zustand:

Die Liebe ist das Größte, sie leuchtet grenzenlos,
sie fasst das Allerkleinste und ist unendlich groß.

Sie war vor allem Anfang und sprach im Schöpfungswort,
sie strömt aus Gottes Herzen, wischt alle Tränen fort.

Sie ist das große Wunder, das nicht zu fassen ist.
Und will doch fassbar werden, dort wo man lebt als Christ.
Die Liebe ist das Größte, für den, der hofft und glaubt,
weil keine Macht der Erde uns Gottes Liebe raubt.

Sie ist niemals zu Ende, was uns auch von ihr trennt,
denn Gott ist selbst die Liebe, die strahlt und nie verbrennt.

Ich gebe gerne zu, dass dieser Liedtext, verfasst von Johannes Jourdan und im „Paulus-Oratorium" von Siegfried Fietz aufgenommen und vertont, nicht mehr lückenlos in meinem Gedächtnis von „meinem Ohrwurm" abgespeichert war. Aber er setzte mich mit Wortfetzen und der Melodie dazu auf die richtige Spur: Klar, die kommende Jahreslosung steht ja im 1. Korintherbrief! Eindeutiger Höhepunkt dieses Briefes ist das 13. Kapitel, das „Hohelied der Liebe"! Es ragt heraus aus den heillosen „Kapiteln, die das Leben so schreibt" – auch in den frömmsten Kreisen! Paulus versucht brieflich zwischen den unterschiedlichen Gemeindegruppierungen und Persönlichkeiten zu deeskalieren, auszugleichen, einzuordnen, sie auf Jesus, ihren gemeinsamen Herrn, zu fokussieren und ihnen als „Leib Christi" eine neue Einheit zuzusprechen. Und all das gipfelt in dem „Hohelied der Liebe"!

Es wird klar: Da geht es nicht mehr um eine Liebes-anstrengung, sondern um ein Liebes-Geschenk! Das gibt und schenkt aber nicht irgendein Mensch – das ist das einzigartige, unvergleichliche Geschenk, das Gott seinen Menschen zueignen will! Es ist seine Liebe, die mich prägen und begleiten will – an jedem Tag und in jeder Lebenskonstellation!

Es geht nicht mehr um eine Liebes-anstrengung, sondern um ein Liebes-Geschenk!

Von Anspruch und Zuspruch

„Was bedeutet das jetzt für meinen Umgang mit der neuen Jahreslosung?" – habe ich mich gefragt: der Herausforderung ausweichen? Den Anspruch darin verdrängen? Oder sie annehmen? – Aber wie??? Dass Paulus zum Ende seines Briefes, zwischen Kollektenanweisung, Reiseplänen und Personeninfos, das Zentralthema „Liebe" mit genau dieser Kurzansage *Alles, was ihr tut, geschehe in Liebe* noch einmal ins Gedächtnis ruft, zeigt, dass es ihm ernst ist: Das grandiose Liebes-Geschenk, mit dem Christen beschenkt sind, soll in unserem Tagesgeschehen einen Platz bekommen! Wie soll ich das jetzt anstellen??? Noch einmal gibt mir ein „in die Jahre gekommener Ohrwurm" einen brauchbaren Tipp! Diesmal ist es ein gesungenes Gebet:

Gib mir Liebe ins Herz, lass mich leuchten,
gib mir Liebe ins Herz, bet'ich.
HERR, du selbst bist das Licht, das erleuchtet,
darum scheine du nun selbst durch mich.

Ich habe Text und Melodie noch „im Ohr" – möge mein HERR mir dabei helfen, dass ich das aufnehmen kann an jedem Tag des Jahres – „mit Herzen, Mund und Händen".

Jetzt aber genug der alten Ohrwürmer zur Jahreslosung!

Ich bin schon gespannt auf die neuen!

Silke Traub, Kraichtal, ist Lehrerin, Buchautorin und Referentin auf Frauenfrühstückstreffen.

IRIS VÖLLNAGEL

Not-to-do-Liste

Es war im Sommer 2022. Nach tagelangen Rückenschmerzen ging ich endlich zum Arzt. Die gute Nachricht: Es war kein Bandscheibenvorfall. Davor hatte ich mich immer gefürchtet. Ich kenne einige Menschen, bei denen es Monate dauerte, wieder gesund zu werden. Mein Arzt runzelte dennoch die Stirn: „Haben Sie gerade Stress? Sind Sie belastet?" Noch bevor ich meinem Arzt antworten konnte, sagte er mir: „Möglicherweise möchte Ihnen Ihr Körper etwa sagen."

Doch was? Bevor ich die Praxis verließ, gab mir mein Arzt zwei Aufgaben mit auf den Weg. Ich sollte mir überlegen, was so belastend war und wie ich es ändern könnte. Natürlich fielen mir sofort viele Dinge ein, die ich gerne aus meinem Alltag streichen würde, die es aber einfach zu tun gilt: Familie, Job, Ehrenamt – der ganz alltägliche Wahnsinn kann anstrengend genug sein. Da etwas zu streichen, erschien mir unmöglich. Die zweite Aufgabe: Jeden Morgen und Abend sollte ich eine halbe Stunde spazieren gehen. Einfach so. Ohne dabei noch etwas erledigen zu wollen oder müssen, ganz sinn- und zweckfrei.

Die Aufgabe landete auf meiner To-do-Liste. Die war ohnehin schon lang und voll und jetzt auch noch Zeit finden zum Spazierengehen? Natürlich sah ich die Notwendigkeit, mich mehr zu bewegen. Aber noch ein weiterer Termin in meinem eh schon vollen Kalender? Das erschien mir nicht machbar. Zugegeben, der tägliche Spaziergang ist bis heute nicht Teil meines Lebens geworden. Was dennoch zunächst kamen, waren negative Gefühle: „Jetzt schaffst du es noch nicht einmal, jeden Tag eine halbe Stunde etwas für deine Gesundheit zu tun", hörte ich meinen inneren Kritiker laut rufen.

Das brachte mich auf eine andere Idee: Was, wenn ich mir, statt mir neue Ziele zu setzen, die ich am Ende doch nicht umgesetzt bekomme, eine Not-to-do-Liste schreibe? Eine Liste mit all den Dingen, auf die ich künftig verzichten möchte. Zuerst fielen mir vor allem Dinge ein, deren Umsetzung mir unmöglich erschien. Wer wäre nicht bereit, den Job gegen mehr Urlaub oder die lästige Hausarbeit gegen mehr Zeit in der Hängematte einzutauschen? Doch das war damit nicht gemeint. Es ging um die Dinge in meinem Alltag, die ich eigentlich nicht machen wollte, sie aber trotzdem tat. Mit der Zeit füllte sich meine Liste: „Ich höre auf, schlecht über mich zu denken, nur weil ich es nicht schaffe, täglich einen Spaziergang zu machen", oder: „Ich verzichte darauf, mich mit Menschen zu treffen, die negativ denken, und meine Zeit mit ihnen zu verbringen", oder: „Ich höre auf, mich zu verurteilen, wenn ich etwas nicht schaffe."

Langsam füllte sich die Liste. Doch was sollte daraus werden? Ich merkte, wie in meinem Leben neuer Freiraum entstand. Der wollte gefüllt werden, aber womit? Ich wusste nun, auf was ich verzichten möchte, doch was wollte ich stattdessen? So ging ich jeden einzelnen Punkt nochmals durch. Dahinter schrieb ich jeweils, was ich stattdessen tun wollte. Statt mich zu verurteilen, wollte ich mich akzeptieren, so wie ich bin. Statt Zeit mit meinem inneren Kritiker zu verbringen, wollte ich lernen, meinen inneren Liebhaber kennenzulernen und zu Wort kommen zu lassen. Statt bei mir und anderen Fehler zu sehen, wollte ich meinen Blick schulen zu sehen, was mir gelingt und gut läuft …

Die neuen Ideen fühlten sich richtig gut an. Ich merkte, wie Energie zurückkam und durch meinen Körper floss. Es war wie ausmisten, aufräumen, aussortieren. Ich begann mich von altem Ballast, der noch überflüssig in der Ecke herumstand und Platz wegnahm, zu trennen. Manche der Dinge, merkte ich, hatten mir zu einem bestimmten Zeitpunkt geholfen. Das galt insbesondere für einige Beziehungen und Kontakte. Als Beziehungsmensch fiel es mir nicht leicht, mir einzugestehen, mancher Kontakt war zu einem anderen Zeitpunkt in meinem Leben wichtig gewesen und irgendwie passte es jetzt nicht mehr.

Ich merkte auch, das Schreiben der Liste half mir, mich vor mir und vor Gott ehrlich zu machen. „Alles, was ihr tut, geschehe aus Liebe." Wenn ich früher diesen Satz hörte, klang er häufig wie ein Appell: „Wenn du etwas nicht magst, musst du es eben lieben oder wenigstens so tun als ob." Über die Jahre hatte ich dabei eine Fähigkeit entwickelt: Ich hatte gelernt, eine Maske zu tragen, so zu tun als ob …

Statt mir einzugestehen: Ich weiß, ein täglicher Spaziergang täte mir gut, aber mir sind gerade andere Dinge wichtiger, erfand ich Ausreden: Mal war es der Mangel an Zeit, mal an Gelegenheit, mal standen wichtigere Aufgaben an. Doch halt! Wozu die Ausreden: Reichte es nicht zu sagen: „Ich weiß, Bewegung täte gut, aber im Moment ist mir einfach nicht danach." Das war ehrlich und liebevoll. *„Alles, was ihr tut, geschehe aus Liebe."* Für mich lässt sich dieser Vers auch so verstehen: „Höre auf, dich zu verstecken. Fange an, ehrlich zu sein: Prüfe, ob du streichen kannst, was du in deinem Leben nicht aus Liebe tun kannst." Das Leben wird so liebevoller und viel entspannter.

Iris **Völlnagel**, Journalistin, lebt in Leipzig.

GEROLD VORLÄNDER

So liebevoll bis ins Detail

„Wir begegnen allen Menschen mit Liebe", heißt es im Leitbild der Berliner Stadtmission. Was für ein Anspruch, mag man denken. Als Messlatte, über die alle springen müssen, wäre das völlig vermessen. Bewegen uns alle doch auch noch ganz andere Gefühle als die Liebe. Aber es geht gar nicht um Gefühle, sondern um das Einüben einer Haltung, einer Überzeugung. Die Stärke einer Haltung oder Überzeugung ist es, dass sie eben nicht von momentanen Gefühlen abhängig ist, sondern sich immer wieder auch dagegen durchsetzen kann. Und zugleich hat das Einüben einer Haltung erheblichen Einfluss auf unsere Gefühle: Was uns abstößt, womit wir klarkommen, was uns als Herausforderung lockt, was wir schätzen, was uns fasziniert, das ist nicht ein für alle Mal festgelegt. Wir haben Einfluss darauf.

Ich erzähle zwei Beispiele aus unserer Arbeit, die zeigen, was Liebe als Herzenshaltung und Überzeugung für schöne Früchte tragen kann.

Taufe in der Iranischen Gemeinde.

Wir feiern den inzwischen zehnten Taufgottesdienst in der 2016 offiziell gegründeten Gemeinde. Inzwischen ist die Gemeinde – nach zwischenzeitlicher Krise vor ein paar Jahren – wieder auf 60 bis 70 Mitglieder gewachsen. Heute sind es mit Gästen über 80 Personen, die dieses Fest miterleben wollen. Dabei spielt die Dekoration eine ganz wichtige Rolle. Bis halb zwei in der Nacht ist vorbereitet worden, unzählige liebevollste Details in typisch persischem Stil. Und dazu kommt noch eine gigantische Tauf-Torte (natürlich in hellblau, um das Taufwasser zu symbolisieren). Und nachher für jede und jeden der Täuflinge eine persönliche, künstlerisch gestaltete Karte mit dem Taufspruch und viele weitere liebevolle „Kleinigkeiten".

Der Gottesdienst (zweieinhalb Stunden) beginnt mit Begrüßung, dann Gebet und Lobpreis, viele Lieder und Bibeltexte, alles mit Begeisterung vorgetragen und gesungen.

Dann meine Predigt mit Satz-für-Satz-Übersetzung. „Ihr habt ja nicht einen Geist empfangen, der euch zu Sklaven macht. Dann müsstet ihr doch wieder Angst haben. Ihr habt vielmehr einen Geist empfangen, der euch zu Kindern Gottes macht. Weil wir diesen Geist haben, können wir rufen: Abba! Lieber Vater!" (Römer 8, BasisBibel). Wie sehr treffen diese Worte von Paulus in die Situation von jungen Christen, die ihre Herkunftsreligion in ihrem Heimatland nur als zutiefst furchteinflößend erlebt haben. Für Liebe gab es da keinen Raum, nur für Härte. Und nun haben sie Gott kennengelernt als jemanden, der sie liebt und dem sie vertrauen können. „Lieber Vater!"

Der dritte Teil findet dann im Foyer statt, wo für die Taufen ein Wasserbecken und eine weitere Lautsprecheranlage aufgebaut ist. Man kann kaum beschreiben, wie intensiv diese Erwachsenen-Taufen erlebt werden von Menschen, die einen völlig anderen religiösen Hintergrund haben: Was für ein Gefühl der Befreiung, das zugleich tief erschüttert und begeistert! Nach jeder Taufe wird die Musik voll aufgedreht, umarmt, geklatscht und getanzt, gelacht und geweint. Und dann wird weitergefeiert – mit reichlich Essen. Das Ganze selbstverständlich von vielen Handys gefilmt und in Hunderten von Fotos festgehalten.

Die überschwängliche (Mit-)Freude bei den anderen ist Ausdruck tiefer Liebe zu den Neuhinzugekommenen und zu Christus. Und sie steckt uns „Einheimische" an. Was für eine Energie!

Trauerfeier für einen Bewohner

Wieder ist ein Bewohner von Cum Fide gestorben, einem intensiv begleiteten Wohnprojekt für austherapierte Alkoholiker. Johnny (Name geändert) hatte vergleichsweise gute Startbedingungen ins Leben: eine relativ stabile Familie, Schulabschluss, sogar Berufsausbildung. Vielseitig begabt, vor allem musikalisch. Gitarre, Gesang und Mundharmonika. Seine Bezugsbetreuer sagen: „So'n richtiger alter Hippie." – „Von Beruf Lebenskünstler." Irgendwie geriet sein Leben aber auf eine schiefe Ebene. Von außen würde man sagen: falsche Freunde und falsche Entscheidungen. Jedenfalls bekam die Alkohol- und Tablettensucht immer mehr Macht über ihn. Aber er, der sein Leben nicht mehr im Griff hatte, versuchte in der Einrichtung, anderen zu helfen, ihr Leben zu ordnen. Völlig illusorisch, aber ein Herzensanliegen von ihm. Noch ein halbes Jahr vor seinem Tod bezauberte er Bewohner und Team mit seiner Musik. Aber dann ging es steil abwärts: keine Kraft mehr und kein Lebensmut. Und die Sucht übermächtig.

Bei der Trauerfeier, die ich leiten darf, ist der Altar in unserer Kapelle vom Team liebevoll geschmückt mit vielen Blumen, einem Foto des Verstorbenen, Kerzen und Teelichtern zum Anzünden. Zwei seiner Lieblingsmusiktitel werden abgespielt – und rühren viele zu Tränen. Für ihn, den Belesenen, wird ein Rilke-Gedicht vorgetragen (Der Panther). Im Rahmen der Predigt werden Erinnerungen ausgetauscht an seine Stärken und Schwächen, an Gemeinsames und Trennendes. Es wird gelacht: „Ja, so war er!" Und geweint, weil er fehlen wird. Und dann darf ich aus dem „Hohelied der Liebe" (1. Korinther 13) erzählen, wie Gott in seiner neuen Welt die Bruchstücke unseres Lebens zu einem wunderbaren Ganzen zusammen-heilen wird.

Da ist das Team, das genauso trauert wie die wenigen Mitbewohner, die die Kraft haben teilzunehmen. Und dazwischen die Cousine des Verstorbenen, die ihm immer, bis zuletzt, die Treue galten hat. Sie hat ihn zu sich eingeladen und ihn besucht, auch wenn es ihm gerade ganz mies ging. Und sie darf hier noch mal spüren, dass sie nicht die Einzige ist, die ihm die Liebe, die Zuwendung, die Achtung nicht entzogen hat. Nein, sie war nicht verrückt, sondern Teil eines Netzwerkes mit dem

Anliegen, alle Dinge in Liebe geschehen zu lassen, weil jeder Mensch das wert ist. Was für ein Trost!

Pfarrer Gerold Vorländer ist Leiter des Dienstbereichs Mission der Berliner Stadtmission.

ERNST GÜNTER WENZLER

Liebe für Haut und Seele

Im Korea-Krieg (1950–1953) hatten einige amerikanische Soldaten einen koreanischen Jungen als Hausboy angestellt. Er hielt die Wohnung sauber, wusch die Wäsche und kochte für sie. Frei nach dem Motto: „Du arbeiten – wir zahlen!" Der Junge hatte eine unglaublich positive Einstellung. Er lächelte immer und zu allem und ließ sich durch nichts und niemanden aus der Ruhe bringen. Immer mehr hatten sie den Eindruck, dass sein Verhalten nicht nur auf die asiatische Freundlichkeit zurückzuführen sei. Dies reizte die Soldaten und sie fingen an, ihm üble Streiche zu spielen. So wollten sie herausfinden, wie weit sie gehen können, bis die Grenze seines freundlichen Verhaltens erreicht ist.

Sie bestrichen den Ofengriff mit Vaseline. Wenn er am nächsten Morgen den Ofen anzündete, lief ihm das Fett über die Finger. Er wischte alles gründlich ab, summte ein fröhliches Lied und machte sich an seine Arbeit. Heimlich nagelten sie seine Schuhe am Boden fest. Als er morgens hineinschlüpfte und loslaufen wollte, kam er nicht vom Fleck und fiel hin. Aber auch das brachte ihn nicht aus der Ruhe. Er holte freundlich lächelnd die Zange, zog die Nägel heraus und schlappte davon. Sie stellten mit Wasser gefüllte Eimer auf die angelehnte Tür. Als er die Türe öffnete, ergoss es sich über ihn und er wurde pudelnass. Cool und ohne eine Miene zu verziehen, trocknete er sich ab, wischte die Pfützen auf und erledigte freundlich lächelnd seine Arbeit. Geduldig ertrug er alle boshaften Aktionen. Er blieb höflich, zuvorkommend und beklagte sich nicht.

Nach einiger Zeit wurden die Soldaten durch sein Verhalten beschämt. Sie trafen sich mit ihm und sagten ihm, wie sehr sie seine Haltung beeindruckt hat. Feierlich versprachen sie ihm, nie mehr Streiche auf seine Kosten anzustellen.

Der Junge konnte es kaum glauben und versicherte sich bei ihnen:

„Du meinen, kein Fett mehr am Ofengriff?" „Nie mehr", versprachen sie ihm.

„Du meinen, nie mehr Schuhe festnageln?" „Nie mehr", beteuerten sie.

„Du meinen, keine Wasser mehr über Türpfosten?" „Nie mehr", versicherten sie ihm.

„Okay," antwortete der Koreaner und strahlte die Soldaten an. „Dann keine Spucke mehr in Suppe."

Die Gesichter der Soldaten hätte ich gern gesehen.

Keine Frage, der Überlebenskünstler hat meine ganze Sympathie. Allerdings ist weder die „Rache des kleinen Mannes" noch meine Schadenfreude im Sinne des Erfinders des Lebens und der Liebe. Lächeln aus Rache, Höflichkeit aus Genugtuung und Freundlichkeit aus Schadenfreude ist zu wenig.

„Alles, was ihr tut, geschehe in Liebe" (1. Korinther 16,14). Das ist ja nicht nur der Leitgedanke über diesem Jahr. „Liebe" lautet der Tagesbefehl über allen Tagen im Leben der Jesusleute. Liebe ist nicht Liebhaberei, sondern Hauptaufgabe für die Nachfolger Jesu.

Zugegeben, das ist nicht einfach. Aber einfach gut. Jesus hat es vorgelebt, als er noch am Kreuz für seine Peiniger betete. Liebe ist jesusgemäß und deshalb ist es typisch für Jesusleute, dass sie lieben! Wenn uns andere Dinge wichtiger sind als das Liebhaben, dann ist Umdenken – sprich Buße – dringend geboten. Nur gut, dass wir auch über unserer Lieblosigkeit die „Macht der Liebe" anbeten können. Gut, dass wir den Heiligen Geist darum bitten können, dass er diese Frucht in unserem Leben wachsen lässt. Denn wer sich durch die Gottesliebe zurechtbringen ließ, dessen Biografie soll eine Liebesgeschichte werden.

Wer die Liebe Gottes erfahren hat, dessen Leben soll eine Liebeserklärung an die von Gott geliebten Menschen sein.

„Wir sind dazu auf der Welt, um es anderen leichter zu machen zu leben, zu lieben, zu leiden und zu glauben." So hat es Monika Deitenbeck-Goseberg treffend ausgedrückt.

Jeder auf seine Weise, in seinem Umfeld, mit seinen Möglichkeiten. Nicht jeder wie Chris Baker, dem Gründer von INK 180, einem Tattoo-Shop in Oswego, USA. Chris Baker wuchs in Los Angeles in einem Umfeld von Gangs, Gewalt und Gangstern auf. Als Christ ist er davon überzeugt, dass jeder Mensch eine zweite Chance verdient. Deshalb bietet der Tattoo-Künstler ehemaligen Bandenmitgliedern und Opfern von Menschenhandel, Prostitution und häuslicher Gewalt seine Dienste kostenlos an. Chris entfernt die Tattoos ehemaliger Gangmitglieder, die das alte Leben zurücklassen wollen, oder macht daraus neue Tattoos. Er hilft Opfern von Menschenhandel, ihr Leben zu verändern, indem er die Identifikationsmerkmale, Symbole oder Codes, mit denen sie gekennzeichnet wurden, entfernt oder überdeckt. Ca. 6000 Tätowierungen hat Chris schon bearbeitet und so schmerzhafte Erinnerungen in schöne Kunst verwandelt. Jemand hat einen treffenden Vergleich gefunden: „Jesus tut für die Seele, was Chris Baker für die Haut tut. Er nimmt uns, wie wir sind, und macht uns neu." Grundlage für das Engagement des Tattoo-Künstlers ist eine Aussage der Bibel: „Gehört jemand zu Christus, dann ist er ein neuer Mensch. Was vorher war, ist vergangen, etwas völlig Neues hat begonnen." (2. Korinther 5,17, HfA)

Chris Baker weiß, dass es nicht reicht, wenn man

„Wir sind dazu auf der Welt, um es anderen leichter zu machen zu leben, zu lieben, zu leiden und zu glauben." (Monika Deitenbeck-Goseberg)

sein Äußeres verändert und an seinem Verhalten arbeitet. Ohne Erneuerung des Herzens bleibt letztlich alles beim Alten. Aber genau das ist doch das Angebot, welches Jesus Christus jedem Menschen macht. Er schenkt eine neue Identität, indem er uns zu Kindern Gottes macht. Ganz gleich, was unsere Vergangenheit geprägt hat und welche Hypothek an Schuld und Scham auf uns liegt. Wer sein altes Leben ihm anvertraut, fühlt sich nicht nur „*wie* neugeboren", sondern *ist* neu geboren, als ein Gottes-Kind. Geliebt und wertgeachtet vom Schöpfer der Welt. Beschenkt und umsorgt vom Vater im Himmel. Befreit vom Kreisen um sich selbst. Mit der großen Berufung, andere zu lieben. Für Menschen beten, sie zu segnen und ihnen einfach so, aus Liebe, Gutes zu tun.

Ernst Günter Wenzler ist Inspektor i. R. des Süddeutschen Gemeinschaftsverbandes.

ELKE WERNER

From Hongkong – with love

Ich lernte Sally vor fast 20 Jahren bei einer internationalen Mentoringwoche für Frauen kennen. Sie ist eine Frau, die auffällt, die aus einer Gruppe allein durch

ihre so fröhliche und positive Ausstrahlung heraus-
ragt. Mich hat sie gleich begeistert. Dann kam der
Moment, wo sie aus ihrem Leben erzählte und für
mich immer klarer wurde, woher diese positive Ausstrahlung kam: aus ihrer Liebe zu Gott und zu den
Menschen in Not.

Von Not zu Nothilfe

Anfang der 1990er-Jahre waren Sally und ihr Mann
Malcolm Begbie von Australien nach Hongkong aus-
gereist. Es war sehr schwer, denn sie fanden keine wirkliche berufliche Perspektive in der damals noch britischen
Kolonie und ihre finanziellen Vorräte waren schnell ver-
braucht. Das ging so weit, dass sie kaum etwas zu essen
hatten für ihre eigene Familie. Es war eine sehr harte
Zeit für sie, in der sie sich auch fragten, ob sie am richtigen Ort waren. Doch dann wendete sich das Blatt. Im
Jahr 1995 gab es eine Flutkatastrophe in China und die
Not der Menschen war groß. Begbies fingen an, Hilfsgüter wie Decken und Ähnliches zu sammeln, um sie
an die Bedürftigen weiterzugeben. Ihre eigene Not
hatte sie empfänglich gemacht für die Not der anderen. Gleichzeitig erlebten sie, dass viele Menschen helfen wollten, aber eine Vermittlung der Hilfe benötigten.
Das wurde zu ihrer Berufung: Sie begannen, Hilfsgüter
zu sammeln und gezielt an Bedürftige zunächst nur in
China weiterzugeben.

Gott versorgt

Bald schon gab es Anfragen aus anderen Ländern und ihre Arbeit weitete sich weltweit aus. Sie gaben alles weiter, ohne dafür Geld zu verlangen. Die Stiftung „Crossroads", übersetzt „Wegkreuzung", wurde gegründet. Crossroads wurde zur Drehscheibe für Sachspenden, die sie überall dahin verschifften, wo Bedarf besteht. Transportkosten wurden oft von Firmen übernommen, die weltweit Güter versenden. Sally und ihr Mann sahen einen neuen Auftrag von Gott und sammelten alles, was gespendet wurde, um es ohne Gewinn für sich selbst kostenlos weiterzugeben. Dabei handelte es sich oft um fast neuwertige Dinge. Wenn z. B. ein Hotel in Hongkong neu eingerichtet wird, eine Klinik in neue medizinische Geräte investiert, wenn eine Schule oder eine Bank neue Möbel oder neue PCs erhält, dann werden oft die ausrangierten Dinge, die noch gut sind, von der Einrichtung an Crossroads weitergegeben und von dort mittlerweile in fast 90 verschiedene Länder verschifft.

Vom Hören zum Sehen

Einige Jahre nach unserem ersten Treffen auf der Mentoringkonferenz war ich zu einer Konsultation der Internationalen Lausanner Bewegung nach Hongkong eingeladen. Ich erinnerte mich an Sally und Crossroads und wollte mit eigenen Augen sehen, was ich bis dato nur vom Hören kannte. Es war ein herzliches Wiedersehen mit Sally. Sie zeigte mir und meiner Freundin, mit der ich unterwegs war, die großen Lagerhallen. Sie sind gefüllt mit fast oder sogar wirklich neuwertiger Ware, z. B. in Hongkong produzierte Kleidung für große Firmen in Deutschland, die aber aus verschiedenen Gründen nach der Herstellung nicht mehr von dort angefordert werden. Bei unserem Besuch gingen wir durch die Baracken, von denen manche nur mit PCs und Zubehör oder nur mit Medizingeräten oder nur mit Möbeln sowie mit alltäglich gebrauchten Gegenständen gefüllt sind.

From Hongkong – with love

Viele Volontäre aus aller Herren Länder unterstützen die Arbeit. Sie überprüfen die Geräte, sortieren, verpacken, beladen die Container. Jeder Container, der das Lager verlässt, hat die Aufschrift: „from Hongkong – with love" – „aus Hongkong – mit Liebe". Sally und Malcolm sehen ihren Dienst als Ausdruck ihres Glaubens an Jesus, auch wenn sie sich nicht als Missionare im eigentlichen Sinn verstehen. Gebet und Liebe bilden die Grundlage für diesen außergewöhnlichen Dienst. Die Container helfen Menschen in China und allen Kontinenten, ob in Afrika oder auch in Europa (z. B. in Rumänien). Jeder kann bei Crossroads nachfragen, ob bestimmte Dinge vorhanden sind. Falls ja, werden sie auch mit Liebe und ohne Kosten geschickt. Die UN-Flüchtlingskommission der Vereinten Nationen suchte in den

1990er-Jahren nach so einer Art von Schnittstelle zwischen Großspendern von Hilfsgütern und Bedürftigen weltweit. So entstand eine anhaltende Zusammenarbeit zwischen der UN und Crossroads.

Aus Liebe getan

„From Hongkong – with love" – so das Motto der Arbeit. Mich fordert das heraus. Was tue ich aus Liebe, um Menschen in Not zu helfen? Manchmal ist es so, dass aus unserer eigenen Notsituation ein Segen herausfließt, hin zu anderen in Not. So war es bei dem Ehepaar Sally und Malcolm Begbie. Ich frage mich: Bin ich so sehr mit mir selbst und meinen Problemen beschäftigt, dass ich keinen Blick für die Not anderer habe? Und welche Ressourcen stellt Gott mir in diesem reichen Land Deutschland zur Verfügung, die ich mit andern teilen sollte? Oder anders gesagt: Wenn ich mit anderen teile, tue ich es mit Liebe? Geschieht es aus Liebe? Oder handle ich aus einem schlechten Gewissen heraus, also eher unfreiwillig?

Bin ich so sehr mit mir selbst und meinen Problemen beschäftigt, dass ich keinen Blick für die Not anderer habe?

Alles, was ihr tut, geschehe in Liebe

Ich kann Gott bitten, mir ein offenes und barmherziges Herz zu schenken, damit seine Liebe mich erfüllen und verändern kann. Dann werde ich bereit, mich der Not anderer zuzuwenden und aus Liebe zu geben. Ich frage mich immer wieder, wie es aussehen könnte: from Germany with love!? Welche Hilfsorganisation kann ich unterstützen? Ich selbst war viele Jahre im Präsidium von World Vision und bin sehr dankbar, dass durch diese christliche Organisation so viel Hilfe in so viele Länder der Welt kommt. Es gibt noch viele andere Hilfswerke, die genau das tun: aus Liebe zu Gott und zu den Menschen anderen in der Not beizustehen. Vielleicht muss ich auch gar nicht weit weg schauen, sondern mal in der eigenen Gemeinde hinsehen: Wer ist hier in Not und wer braucht meine Unterstützung? Dann heißt es nicht nur: „from Hongkong – with love", sondern auch: „in my church – with love"!

Elke Werner ist Referentin, Autorin und Leiterin der weltweiten Frauenarbeit der Lausanner Bewegung.

RUDOLF WESTERHEIDE

Das Leben redet lauter als Worte

Willi war seit jeher eine tragende Säule der lebendigen freikirchlichen Gemeinde an meinem Studienort. Es waren die frühen 1980er-Jahre, und damals sprach man in diesen Kreisen gerne und viel von der Endzeit und dem anstehenden Gericht, das Gott über der gottlosen Welt halten würde. Willi pflegte in diesem Zusammenhang immer wieder zu sagen: „Der Hammer Gottes wird mit mathematischer Genauigkeit zuschlagen!" Damit zitierte er einen Professor, der das irgendwo einmal geschrieben und ihn damit offensichtlich sehr beeindruckt hatte. „Der Hammer Gottes". Dabei betonte er das Wort „Hammer". „Mit mathematischer Genauigkeit" – wie genau man sich das vorstellen sollte, blieb offen, aber es gab dem Ganzen den Duktus absoluter Unausweichlichkeit. „Zuschlagen!" – wie Willi das artikulierte, spürte man geradezu den Stahl auf einen Amboss treffen und alles zermalmen.

Die Worte an sich standen so absolut und unverrückbar im Raum, dass man eigentlich denken musste, bei dieser Botschaft schlüge das Herz des rüstigen Rentners. So oft, wie er dieses Zitat brachte, musste es fast so scheinen, als sei sein ganzes Sehnen darauf gerichtet, diese Welt mit ihrem gottlosen Gesindel endlich untergehen zu sehen. Die Kirche am besten gleich mit. Gleichgültigkeit und Kälte sprachen aus dem Wortlaut.

Aber seltsam: Ich konnte ihm das einfach nicht glauben. Die starken Worte waren durch Willis Leben nicht abgedeckt. Sein Handeln war geprägt von einer großen Liebe nicht nur zur Gemeinde, sondern auch zu seinen Nachbarn und ehemaligen Arbeitskollegen. Sein Alltag war bestimmt durch die Unterstützung von arbeitslosen Menschen und Flüchtlingsfamilien ungeachtet ihrer Religion und Frömmigkeit. Diese Welt, die angeblich doch nur vernichtet gehörte, war ununterbrochen das Betätigungsfeld von Willis im Glauben fest gegründeter, vorbehaltloser Liebe. Was ihn an den Worten des Professors so faszinierte, habe ich nie wirklich verstanden. Sie konnten einen manchmal verstören, aber das Leben übertönte sie um Längen.

Leider erlebte ich schon damals auch das Gegenteil. Joachim – nennen wir ihn mal so – war ein begnadeter Redner und wurde insbesondere deswegen so gerne gehört, weil er ergreifend über die Liebe Gottes predigen konnte. „Die wunderbare Gnade Gottes" war eines seiner Lieblingsthemen und in leuchtenden Farben schilderte er die Liebe „des Heilands", die sich am Kreuz von Golgatha so eindrücklich gezeigt hatte. Liebe, wo immer man hinhörte. Aber jenseits der Kanzel erlebten wir einen Mann, der für die Idee des Jugendkreises, sich für quasi elternlose Teenager im sozialen Brennpunkt zu engagieren, absolut nicht zu haben war. Mehr und mehr wurde bekannt, dass er in seiner Familie als Tyrann regierte. Seine Frau hatte in der Ehe das Lachen verlernt und die Kinder fürchteten seine cholerischen Ausbrüche. Die gastgebenden Gemeinden des Predigers kriegten davon natürlich nichts mit. Aber in Joachims Umfeld sprach das Leben zunehmend lauter als alle noch so eindrücklichen Worte. Diese glaubte man spätestens dann nicht mehr, wenn man unter den Zuhörern die erstarrten Blicke seiner Familie streifte.

Wenn zwei das Gleiche tun, ist es nicht dasselbe. Aus einer Haltung der Liebe zu Gott und den Menschen heraus kann man wenig verkehrt machen. „Liebe und dann tue, was du willst", fasste es der Kirchenvater Augustinus ebenso provozierend wie eindrücklich zusammen. Im inneren Widerstand gegen die verändernde, aufdeckende und vergebende Liebe Gottes jedoch wird man letztlich alles verkehrt machen. Wie beschreibt es schon der Apostel Paulus in dem berühmten Loblied auf die Liebe (1. Korinther 13)? – „Wenn ich keine Liebe habe, bin ich nichts." Jedenfalls nichts im Wertesystem Gottes. Alles Wissen – auch das theologische – hilft dann bestenfalls, Menschen zu belehren. Allzu leicht dient es aber auch dazu, andere dumm aussehen zu lassen oder unter Druck zu setzen. Sogar die größte Opferbereitschaft wird ohne die Liebe ein Akt der Selbstbestätigung und verführt zu dem Irrtum, sich mit den Opfern bei Gott etwas verdienen zu können. Selbst wenn ich mir von den Engeln ihre Loblieder ausleihen könnte – ohne Liebe gesungen wird das ein schauerliches Gekreische.

In meinem Leben gab es nicht nur Willi und Joachim. Als Kinder mussten wir an den scheinbar nicht endenden Bibelstunden der Gemeinschaft teilnehmen, was pädagogisch, gelinde gesagt, nicht sehr geschickt war. Aber unter den lehrenden „Brüdern" saß ein bekannter Stuttgarter Architekt, der mich und meine Geschwister im Anschluss zu wunderbaren Spielenachmittagen mit köstlichsten Süßigkeiten einlud. Vermutlich wissend, dass es solchen Süßkram bei uns zu Hause nicht gab. Neben ihm saß ein anderer Mann des geistlichen Wortes, wir nannten ihn Onkel Robert, der mit uns herrliche Autofahrten und Bootstouren machte. Alles aus dem echten inneren Antrieb, uns eine Freude zu machen. Sie spürten, dass das geistliche Wort nur so viel wert ist, wie es getragen wird von der Liebe, die anderen das Leben erleichtern und verschönern möchte.

Selbst wenn ich mir von den Engeln ihre Loblieder ausleihen könnte – ohne Liebe gesungen wird das ein schauerliches Gekreische.

Danke Willi, danke Onkel Robert, danke ihr tollen frommen Frauen, danke auch meinen Eltern, dass eure Liebe immer stärker war als die Formen und guten Worte, mit denen ihr mir den Glauben vermittelt habt! Manches war nicht sehr geschickt und nicht alle Worte ermutigend. Egal – ihr habt geliebt und darum alles richtig gemacht!

Rudolf Westerheide ist Pfarrer und systemischer Berater.

BÄRBEL WILDE

„Alles, was ihr tut, geschehe in Liebe"

Ein Mann lebt seit Jahren im Altersheim. Er hatte eine Firma geleitet. Die ist nun in den Händen seiner einzigen Tochter. Seine Frau ist vor Jahren gestorben. Im Heim ist er wie isoliert. Kaum Besuche. Seine Tochter nimmt die Arbeit voll in Anspruch. Als er Geburtstag hat, kommt die Stationsschwester mit einem großen Paket in sein Zimmer. „Für Sie", sagt sie freundlich. „Stellen Sie es bitte auf den Tisch", sagt der alte Herr.

Abends, als die Schwester noch einmal in das Zimmer kommt, steht das Paket immer noch unbeachtet und unausgepackt auf dem Tisch.

„Wollen Sie es nicht auspacken?", fragt die Schwester.

„Nein", sagt der alte Herr, „es ist von meiner Tochter, aber es ist keine Liebe drin."

Er muss schon an der Verpackung erkannt haben: Es kommt von der Firma. Die Tochter ist nicht selbst gekommen. Sie hat nur ein Paket packen und verschicken lassen. „Es ist keine Liebe drin!"

1965 wurde ich konfirmiert. Der Konfirmandenunterricht bei Pfarrer Paul Deitenbeck hatte mich so beeindruckt, dass ich das Konfirmationsversprechen damals von ganzem Herzen gab. Beeindruckt hatte mich sein weites Herz. Er versuchte jedem Menschen mit Liebe zu begegnen. Meistens zückte er seinen Geldbeutel und gab ein 2- oder 5-Mark-Stück. Meistens hatte er in seiner Tasche auch mehrere Tafeln Schokolade. Er wollte dem Menschen, dem er begegnete, eine Freude machen. Das hat bei mir die Sehnsucht nach Glauben geweckt: diese liebevolle Zuwendung, die er manchmal mit einem Traktat oder einem Bekenntnis zu Jesus verband. Später wurde ich seine Vikarin. Auch das hat mich geprägt. Paul Deitenbeck war in der Bekenntnisbewegung aktiv. Einmal, als die theologischen Auseinandersetzungen besonders hohe Wellen schlugen, sagte er zu mir: „Ich will auch dem theologischen Gegner so begegnen, dass er mich als Seelsorger an sein Sterbebett rufen würde." Er übte Kritik, vertrat klar seine theologische Position – aber er tat es mit Liebe. Das war etwas völlig anderes als die Häme und Verächtlichmachung, die wir heute besonders im Internet erleben. Ich bekomme manche E-Mail, bei der es mir die Sprache verschlägt: Die Frommen werden als naiv verunglimpft und es wird zum Austritt aus der Kirche aufgefordert. Vielleicht hing Deitenbecks Haltung damit zusammen, dass er jeden Tag neben seinem Schreibtisch kniend das Hohelied der Liebe aus 1. Korinther 13 betete.

Paul Deitenbeck: „Ich will auch dem theologischen Gegner so begegnen, dass er mich als Seelsorger an sein Sterbebett rufen würde."

Einige Sätze des chinesischen Philosophen Laotzi (6. Jahrhundert) sind mir wichtig geworden, weil sie den Wert der Liebe deutlich machen:

Pflicht ohne Liebe macht verdrießlich.
Verantwortung ohne Liebe macht rücksichtslos.
Gerechtigkeit ohne Liebe macht hart.
Wahrheit ohne Liebe macht kritiksüchtig.
Erziehung ohne Liebe macht widerspruchsvoll.
Klugheit ohne Liebe macht gerissen.
Freundlichkeit ohne Liebe macht heuchlerisch.
Ordnung ohne Liebe macht kleinlich.
Sachkenntnis ohne Liebe macht rechthaberisch.

Macht ohne Liebe macht grausam.
Ehre ohne Liebe macht hochmütig.
Besitz ohne Liebe macht geizig.
Glaube ohne Liebe macht fanatisch.

Wie gut, dass ich Christen begegnet bin, die nach dem
Vers von Gerhard Tersteegen leben:

O wie lieb ich, Herr, die Deinen,
die dich suchen, die dich meinen;
o wie köstlich sind sie mir!

Ein indianisches Sprichwort sagt: *„Gehe hundert Schritte*
in den Schuhen eines anderen …" Es ist ein Zeichen liebevoller Zuwendung, wenn ich mich in die Situation
des anderen hineinversetze. Mitgefühl entwickele. Ein
Gespür dafür habe, wo den anderen der Schuh drückt.
Mir darüber klar werde, was mein Verhalten oder meine
Worte im anderen auslösen.

Hätte die Fabrikantentochter doch darüber nachgedacht, wie sehr ihr Vater ihren Be-
such erhofft hatte, hätte sie ihn nicht **Mitfreude ist oft**
mit einem Firmenpaket abgespeist. **schwerer als Mitleid.**
Wenn ich etwas in Liebe geschehen lasse, denke ich an
den anderen und nicht nur an mich selbst. Jeder Mensch
sehnt sich nach Liebe. Liebe ist die Freude am Glück des
anderen. Mitfreude ist oft schwerer als Mitleid.

„Das einzig Wichtige im Leben sind die Spuren von
Liebe, die wir hinterlassen, wenn wir weggehen." Die-

ser Ausspruch stammt von dem evangelischen Theologen und Arzt Albert Schweitzer. Wo es keine Liebe gibt, ist Hölle. Im Tod können wir nichts mitnehmen; alles Geld, aller Ruhm zählen dann nicht mehr. Was aber zählt, ist das, was wir an Liebe verschenkt haben.

Unsere Motivation ist: die große Liebe Gottes in den kleinen Münzen der alltäglichen Nächstenliebe weiterzugeben. Aus uns selbst heraus schaffen wir das nicht, alles in der Liebe geschehen zu lassen. Aber weil Gott mich liebt und weil er meinen Nächsten liebt, darum kann ich mich lieben, und so will ich Gott und meinen Mitmenschen – auch den schwierigen – mit Liebe begegnen und es ihnen leichter machen zu glauben, zu leben und zu lieben.

Eine Liedstrophe eines alten Liedes bringt das zum Ausdruck:

„Das will ich mir schreiben in Herz und Sinn,
dass ich nicht für mich auf der Erde bin;
dass ich die Liebe, von der ich lebe,
liebend an andere weitergebe."

Die Liebe, die ein Mensch schenkt, trägt Frucht in den Menschen, die damit beschenkt worden sind. Liebe überzeugt. Ist ansteckend. Erfahrene Liebe kann ein Vorbild werden für das eigene Verhalten. Die Liebe, die ein Mensch schenkt, trägt Frucht für das ewige Leben. Ich hoffe, vor dem Thron Gottes Menschen zu treffen, die dankbar dafür sind, dass ich gelebt habe.

Gott ist in seinem Sohn in unseren Schuhen gegangen. Gott schickt keine Firmenpakete, er lässt nicht nur ein bisschen was abgeben, sondern er gibt sich selbst. Er kommt selbst. Er gibt seine ganze Liebe: seinen Sohn! Die Dankbarkeit für Gottes Liebe macht das menschliche Leben hell und das Herz weit.

Bärbel Wilde ist Pfarrerin i. R. in Lüdenscheid.

BIRGIT WINTERHOFF

Wahre Liebe!

Schwiegermutter werden ist nicht schwer – Schwiegermutter sein dagegen sehr. Die Frau, die mir diesen Satz sagte, war von seiner Richtigkeit fest überzeugt. Sie hatte ihren Sohn mit viel Liebe und unter großen Entbehrungen großgezogen. Der Vater war früh verstorben. In ihrem Leben hatte die Frau viel Fantasie entwickeln müssen, um die Familie durchzubringen. Ihr Sohn hatte das Abitur geschafft und sein Studium in relativ kurzer Zeit erfolgreich beendet.

Nun bezeichnet die Schwiegertochter den Mann als Muttersöhnchen, weil dieser nach wie vor eine enge Beziehung zu seiner Mutter hat. Um Konflikten mit seiner Frau aus dem Weg zu gehen, wird er zusehends verschlossener gegenüber seiner Mutter. Alles, was die Mutter für ihn getan hat, alle Liebe, die sie investiert hat, scheinen vergessen zu sein. Sie fühlt sich im Haus des Sohnes nur noch geduldet. Von Wertschätzung und Dank keine Spur. Es kommt zu Pflichtanrufen und Pflichtbesuchen.

Aus der Sicht der Schwiegertochter stellt sich die Situation ganz anders dar. Sie hat den Eindruck, dass sie nichts richtig macht. Sie glaubt, Normen entsprechen zu müssen: Sauberkeit, Ordnung und gutes Essen – Maßstäbe, die für sie nicht passen. Nie reicht sie an die Ansprüche heran, die gestellt werden. Das macht sie unsicher. So entsteht eine verkrampfte Atmosphäre im Umgang miteinander. Der Mann steht dazwischen und hält sich raus. Die Schwiegermutter schämt sich andererseits für ihren Sohn: „Wie die Frau rumläuft! Wie die Wohnung aussieht! Wie sie die Kinder erzieht! Sie können nicht mal grüßen und Danke sagen und ziehen sich schlampig an. Von mir bekommen sie ordentliche Kleidungsstücke geschenkt. Aber die Mutter kann sich bei ihren Kindern nicht durchsetzen. Meine teuren Kleidungsstücke ziehen sie einfach nicht an. Ihre verwaschenen Trikots scheinen sie lieber zu mögen."

Muss die Schwiegertochter sich das dauernde Reinreden und lieblose Nörgeln der Schwiegermutter gefallen lassen? Liebe sieht doch anders aus. Schwiegermutter – Schwiegertochter: häufig eine spannungsreiche Beziehung. Dass es auch ganz anders gehen kann, zeigt eine Geschichte aus der Bibel.

Sie erzählt von drei Frauen: Noomi, Rut und Orpa. Noomi war mit ihrem Mann und den beiden Söhnen ausgewandert, weil zu Hause bittere Not herrschte. In der neuen Heimat hofften sie, Brot und Arbeit zu finden. Noomis Mann stirbt recht bald. Die beiden Söhne wachsen im fremden Land auf und suchen sich dort auch ihre Frauen. Leider erleben sie nur wenige Jahre mit ihnen. Beide Männer sterben früh. So stehen alle drei Frauen allein. Noomi will nach dem Verlust ihres Mannes und ihrer Söhne in ihre alte Heimat zurück. Sie hängt sich nicht an die junge Generation. Sie will die jungen Witwen nicht mit *ihrem* Leid und *ihren* Erwartungen und *ihren* Forderungen belasten. Die junge Generation muss schließlich ihre eigenen Wege finden. Darum keine Worte der Belehrung, keine Befehle, keine unterschwelligen Vorwürfe. Das ist Liebe pur.

Keine Worte der Belehrung, keine Befehle, keine unterschwelligen Vorwürfe

Diese Schwiegermutter hat nicht nur ihre Söhne losgelassen, sondern gibt auch die Schwiegertöchter frei für eine neue glückliche Beziehung – ohne Hintergedanken, ohne den leisesten Versuch, sie an sich zu binden. Sie denkt nicht: Die müssen froh sein, dass sie meine Söhne überhaupt bekommen haben. Sie dankt beiden: zuerst für die Liebe an den Söhnen und dann für das, was sie selbst durch die Schwiegertöchter erfahren hat. Sie versteht zurückzutreten, sich nicht anzuhängen, sondern ihre eigene Wahl zu treffen. Vielleicht sind die beiden jungen Frauen darum so anhänglich! Sie fühlen sich frei, geschätzt und geliebt. Eine dankbare und selbstständige Schwiegermutter ist attraktiv!

Die Wege der drei trennen sich. Orpa geht. Noomi lässt sie ohne Bitterkeit ziehen. Rut bleibt bei Noomi und geht mit ihr zurück in ihre Heimat: „Wo du hingehst, da will ich auch hingehen; wo du bleibst, da bleibe ich auch. Dein Volk ist mein Volk, und dein Gott ist mein Gott" (Rut 1,16).

Das ist keine romantische Liebeserklärung, auch kein Trautext, sondern freiwillige Treue einer jungen Witwe zu ihrer alten Schwiegermutter. Ausdruck ihrer Liebe.

Ihre Schwiegermutter hat ihr Anschauungsunterricht gegeben, wie unterschiedliche Menschen miteinander umgehen und sich gegenseitig achten können. Sie hat nicht ständig an ihr herumerzogen. Noomi hat ihre Schwiegertöchter bejaht, freigegeben und gerade dadurch gewonnen. So sieht Liebe aus. Rut hat den Glauben ihrer Schwiegermutter kennengelernt und sie hat Güte und Weisheit, Selbstlosigkeit und Vertrauen bei Noomi gespürt und erfahren. Noomi – eine Frau, eine Schwiegermutter mit dem großen, weiten Herzen, geborgen in Gott.

Birgit Winterhoff ist Pfarrerin im Ruhestand und war Leiterin des Amtes für missionarische Dienste der Evangelischen Kirche von Westfalen.

Wer wagt, gewinnt!

Eine gut situierte, katholische Familie in Bayern, acht Kinder, alle in der Kriegs- und Nachkriegszeit geboren. Karoline Mayer ist die älteste Tochter. Die Mutter, standesbewusst, sachlich-streng, gibt der kleinen Karoline weniger persönliche Zuwendung als der Vater. Er ist den Menschen gegenüber offen und gutmütig, arbeitet als Sanitäter, hilft oft und gern. Zu ihm hat Karoline großes Vertrauen, kann alles mit ihm besprechen, auch den Wunsch, „Missionarin" zu werden. Viele Hefte „Weltmission" hat Karoline nicht nur im Dorf verteilt, sondern als Elfjährige selbst gelesen. Der Vater besorgt ihr die Adresse eines holländischen Ordens. Karoline bewirbt sich, wird aber als zu jung abgelehnt. Sie kämpft jahrelang, bis sie schließlich doch als Ordensschwester eingekleidet wird. Ihre ganze Familie sieht es mit Trauer und auch Hoffnung.

Der erste Einsatz soll Bombay sein. Aufbruchs- und Freiheitsstimmung des II. Vatikanischen Konzils (1962–1965) zieht durch die Welt, ergreift auch Karoline und ihren Vater, der ihr noch auf seinem Sterbebett mitgibt, sie solle sich ihren Charakter nicht verbiegen lassen, stattdessen sie selbst bleiben und ihren eigenen Weg gehen. Karolines Abschied von ihrer Familie wird schwer, aber ihre Liebe zu den „heidnischen" Ländern in Not und Armut steht über allem, zumal sie die Gelübde Armut, Ehelosigkeit und Gehorsam abgelegt hat. Zu ihrer großen Enttäuschung wird nun in Chile ihr Einsatz sein.

Am 8.8.1968, im kalten Südwinter, kommt sie in Valparaiso an. Kalt ist auch die Ablehnung ihres heißen Wunsches, Medizin zu studieren. „Nein, das ist nicht vorgesehen!", so die Vorgesetzte des Konvents in Santiago. Karolines Enttäuschung entlädt sich in vielen Gebeten und lässt sie innerlich zittern. Chile steckt mitten im politisch-geistigen Aufbruch. Karoline will aus Liebe zu den Unterdrückten für soziale Gerechtigkeit bei Gesundheitsversorgung, Arbeit und Bildung wirken. Mediziner gehen mit ihren Studenten in die Armenviertel, lassen sich zur Hilfe anstecken, Karoline schließt sich ihnen an (im Ordenskleid), wird diskriminiert, hält aber durch, trotz der deprimierenden Erlebnisse. Die Ordensleitung ist verärgert, warnt die erst ca. 27-jährige Schwester vor dem Wirken in den Slums. Karoline aber gewinnt gerade dort Vertrauen durch ihren liebevollen Umgang, ungeachtet der Personen. Die pflichtgemäße Anwesenheit im Konvent und ihre dringend geforderte Hilfe in den Slums reiben einander, werden ihr zur Zerreißprobe. „Alle Dinge in Liebe tun …?" Karoline sieht in die Augen der vielen hungernden Kinder, sie betet und erlebt Wunder, z. B. durch die Idee, in den Restaurants der Reichen um die verbliebenen Speisen zu betteln: Es entstehen Treffen für kleine Mahlzeiten vor den Hütten. Während die Mütter nur warten und staunen, denkt Karoline schon weiter: die Mütter schulen zur

Mithilfe in Küche/n, für Hygiene zu sorgen, Wasser zu beschaffen, Kranke zu versorgen, Reinigungsarbeit und Ungezieferbekämpfung zu lernen. Karoline wird vom Orden gewarnt, sie habe ja gar keine Ahnung, wie „das Pack" wirklich sei, der Pöbel werde über Karoline herfallen! Aber: Sogar Männer sind bereit, aus Brettern vom Müllhaufen noch Sitze für die Hütten zu bauen.

Seit ihrer Ankunft entsteht in den Jahren 1968–1973 unter Karolines Einsätzen ein Netzwerk, das sie nicht mehr allein, sondern auf die Dauer nur mithilfe der staatlichen Ämter und Strukturen weiterführen will und kann. 1970 wird Salvador Allende als neuer Präsident Chiles gewählt, er erfüllt Karolines Erwartung. Ohne militärische Gewalt will er für Alphabetisierung, Landreform, soziale Gerechtigkeit sorgen, z. B. soll jedes Kind in Chile täglich einen Liter Gratismilch bekommen! Allende besucht Karoline persönlich in den Slums, würdigt ihre Arbeit. Leider wird es nur ein kurzer politischer Frühling: 1973 kommt Allende beim Militärputsch des Diktators Pinochet ums Leben. War Karoline von manchen Sozialisten als Kämpferin für Neokolonialismus beschimpft worden, so sieht das Regime Pinochet in ihr nun eine Kommunistin. Sogar Festnahme, Verhör und Inhaftierung bleiben ihr nun nicht erspart. Aber sie lebt und überlebt durch die Kraft ihrer Liebe in Solidarität mit den Leidtragenden in den Slums. *Wie soll sie nun das Evangelium diesen Menschen in Liebe vermitteln?* Sie prüft sich selbst: Hat sie nicht doch eine Fassade von „Heiligkeit" vor sich aufgebaut?

Nun, die Suppenküche und der erste Kindergarten sind schon da. Karoline möchte nun tagsüber das Krankenschwesterstudium an der Uni wieder aufnehmen, aber sonst stets für „ihre" Kranken und Hilflosen da sein. In diese positive Entwicklung hinein trifft Karoline die heftige Reaktion des Ordens wie ein Schlag: Sie sei für den Orden in Chile ein Problem und daher nicht mehr länger tragbar! Alle ihre Argumente gehen unter, Karoline beschließt, den Orden endgültig zu verlassen. Am 2.3.1973 muss sie nach Deutschland zurückfliegen. Aber ihr Herz schlägt für Chile. Unter Gebet erfährt sie, dass Gott sie auch auffangen würde, wenn sie alles verkehrt gemacht hätte. So kehrt sie noch Ende 1973 zurück, direkt hinein in die Militärdiktatur von Pinochet, die noch sechzehn Jahre dauern sollte.

Fast vierzig Jahre später, im Herbst 2010, bekam ich die einzigartige Chance, Karoline persönlich zu treffen. Ich hatte eine Chile-Reisegruppe gesammelt, konnte das Programm weithin mitbestimmen. Wir wollten die gewaltige Aufbauarbeit dieses Werkes CHRISTO VIVE von den Anfängen bis heute an Ort und Stelle selbst sehen und verstehen. Kaum hielt unser Bus, umarmte Karoline uns alle als herzlich willkommene Geschwister in ihrem großen Campus. Im Medienraum versammelt, spürten wir den Dank und ihre tiefe Bescheidenheit, als Karoline (am PC) in Wort und Bild die ganze Entwicklung vorstellte als Werk der Liebe: von den ersten Hütten zu den Kindergärten, Schulen, Ausbildungsstätten für alle Alters- und Berufsgruppen, mit großer Mitarbeiterschaft vor Ort, Freunden und Spendern in aller Welt. Nach fast 50 Jahren dieser aufopfernden Liebe hat Karoline die chilenische Staatsangehörigkeit und Ehrenbürgerschaft erhalten. Der Funke ihrer rastlosen Tätigkeit ist schon auf Peru und Bolivien übergesprungen.

Unsere auf Santiago spezialisierte Stadtführerin stand beschämt und fassungslos da, warum sie von diesem Werk und Brücke der Nächstenliebe nicht schon viel früher gewusst hätte. Die Zeichen der Liebe haben (auch) sie überwältigt.

Luise Wolfram war Realschullehrerin und lebt in Hannover.

Karoline Mayer mit Angela Krumpen, *Das Geheimnis ist immer die Liebe. In den Slums von Chile. Mein Leben*, Herder 2006.

CHRISTOPH ZEHENDNER

Mutter Teresas Empfehlung

„Die Begegnung mit Mutter Teresa hat mein Leben verändert", berichtet mir mein Freund Singh Komanapalli. Singh ist Bischof, leitet die lebendige Nethanja-Kirche im indischen Bundesstaat Andra Pradesh. Eine wachsende Kirche, die gerade für die Armen da ist. Für die „Unberührbaren", die ihr Dasein in Elendsvierteln fristen müssen, auf dem Land oder im Dschungel.

Bei der folgenschweren Begegnung im Jahr 1993 ist Singh ein junger Pastor. Verantwortlich für einige wenige Gemeinden. Für ihn ist es eine große Ehre, dass er die berühmte Mutter Teresa treffen kann. Sie lebt und arbeitet damals in Kalkutta, rund 1000 km nördlich von seiner Heimatstadt Vishakapatnam.

Eigentlich empfängt die damals 83-Jährige schon keine Gäste mehr. Ihre Kräfte sind durch den langen Einsatz für die Armen aufgezehrt. Doch für eine weitgereiste Gruppe aus Deutschland macht sie eine Ausnahme. Und weil diese Gruppe von engen Freunden Singhs geleitet wird, kommt er als Übersetzer mit.

Am Abend des 29. Dezember 1993 treffen die Besucher Mutter Teresa in einem unscheinbaren Besuchsraum. In der Mitte drei einfache Stühle aus Holz. Auf einem kauert die weltberühmte Frau: klein, hager, zerbrechlich. Aber hellwach, geistig rege, ganz den Besuchern zugewandt. Auf Singh wirkt Mutter Teresa ein wenig ratlos. Sie scheint sich zu fragen, was diese Leute aus Europa eigentlich von ihr wollten, was denn an ihr schon Besonderes sei.

Die Gäste erkundigen sich danach, wie Mutter Teresa denn von Albanien aus (wo sie geboren ist) nach Indien gekommen sei. Die alte Dame winkt freundlich ab. Diese Frage sei nicht wichtig, lächelt sie. Und ergänzt: „Wichtig ist doch, was heute hier in Kalkutta geschieht."

Davon berichtet sie dann in schlichten Worten. Besonders am Herzen liegen ihr die Sterbenden, um die sich ihre „Missionarinnen der Nächstenliebe" in einem Hospiz kümmern. Sie berichtet von verwahrlosten Kindern, die sie in verschiedenen Heimen aufnehmen. Von den Armen, den Obdachlosen, den Kranken, den Sterbenden, den Ausgestoßenen. Diese Menschen bilden den Mittelpunkt ihres Berichts. Nicht etwa sie oder ihre Schwestern.

Die Gäste aus Deutschland sind tief beeindruckt. Sie wollen Mutter Teresas Werk spontan durch eine Spende unterstützen. Weil das nicht geplant war, steht kein Gefäß für das Geld bereit. Mutter Teresa lächelt. Sie senkt den Blick, hebt beide Hände hoch, legt sie zu einer Schale zusammen. Dankbar nimmt sie die Geldscheine entgegen, die ihr in die Hände gelegt werden.

So wird sie zur Bettlerin, um für die unzähligen Bettler ihrer Stadt Hilfe zusammenzubekommen, denkt Singh bei diesem Anblick. Die Bescheidenheit, die Mutter Teresa dabei ausstrahlt, beschämt ihn.

Am nächsten Morgen erlebt er die außergewöhnliche Frau noch einmal. Mutter Teresa hat ihn zu einer Messe eingeladen. Sie sorgt dafür, dass Singh direkt neben ihr sitzt. Zum Abendmahl soll er mitkommen (obwohl er ja als Protestant eigentlich gar nicht zugelassen wäre). Als sie an der Reihe ist, dreht sie sich um. Sie lässt Singh den Vortritt.

Nach dem Gottesdienst erkundigt sich Mutter Teresa bei Singh danach, was genau denn seine Aufgabe sei. Ein wenig stolz berichtet er der berühmten Frau von seiner kleinen Kirche, von Kinderheimen und anderen Diensten der Liebe für die Ärmsten. Mutter Teresa nickt und lächelt. Sanft tätschelt sie dem jungen Pastor die Hand. Dann gibt sie ihm einen Satz mit, der ihn mitten ins Herz trifft. Und der ihn sein Leben lang beschäftigen wird: „Es ist nicht wichtig, wie perfekt du deine Arbeit machst. Es kommt darauf an, mit wie viel Liebe du sie tust!"

Mutter Teresa: „Es ist nicht wichtig, wie perfekt du deine Arbeit machst. Es kommt darauf an, mit wie viel Liebe du sie tust!"

Singh weiß, dass Mutter Teresa und ihre Schwestern genau das leben: Sie dienen aus Liebe heraus. Sie nehmen sich Zeit für jeden einzelnen Sterbenden. Wo noch ein Funken Hoffnung besteht, helfen sie medizinisch. Hin und wieder erholt sich ein Patient und schafft den Rückweg ins Leben. Die meisten verabschieden sich in eine andere Welt. Aber sie bleiben dabei nicht allein.

„Love in Action", zu deutsch etwa „Liebe ist nicht nur ein Wort", dieses Motto haben sich Mutter Teresa und ihre Schwestern gewählt. Und für sie ist ganz eindeutig, wo die Quelle dieser Liebe zu finden ist: „Letzten Endes geht es um die Beziehung zwischen Gott und dir."

Singh ist von der Begegnung mit Mutter Teresa tief bewegt. Warum kann ich denn nicht wie diese Frau sein, fragt er sich auf dem Heimweg. Was könnte ich von ihr lernen? Beim Nachdenken erinnert Singh sich an Jesus. Im Matthäusevangelium wird beschrieben, wie Jesus sich in der Bergpredigt an viele Menschen wendet.

Wie er ihnen wichtige Maßstäbe fürs Leben gibt. Wie er sie lehrt, warnt, tröstet, herausfordert. Kapitel 5, 6 und 7 des Evangeliums geben diese Bergpredigt wieder.

Direkt nach diesen grundsätzlichen Worten verlässt Jesus den Berg und landet direkt vor einem Menschen, mit dem damals niemand etwas zu tun haben wollte: Ein Aussätziger schlurft heran. Ein Mann mit vermutlich entstelltem Gesicht und verkrüppelten Gliedmaßen. Einer, vor dem die Leute sich ekeln.

Nach der Begegnung mit Mutter Teresa entdeckt Singh den Sinn dieses Verhaltens Jesu viel tiefer als zuvor: Jesus geht diesem Aussätzigen nicht aus dem Weg. Jesus geht direkt auf ihn zu. Er berührt ihn sogar. Berührt ihn so, wie Mutter Teresa es mit den Kranken und Sterbenden tut, die in ihrer Obhut sind. Aus Liebe.

So will auch ich mit Menschen umgehen, nimmt Singh sich vor. Und tatsächlich: In der Folge ändert sich seine Einstellung zu den Menschen, für die er sich einsetzt. Er und seine Mitarbeiterinnen und Mitarbeiter kümmern sich rührend um Bettler, Patienten, die unter Lepra, Tuberkulose oder Aids leiden. Von der Familie ausgestoßene Witwen. Verlassene Waisen oder Halbwaisen. Die Geschichte der Nethanja-Kirche lebt von solch beeindruckenden „Liebeszeichen".

Singh entdeckt keine völlig neue Aufgabe. Die Art und Weise aber, mit der Mutter Theresa ihren Dienst versteht, die verändert seine Einstellung radikal. Heute will er genau das umsetzen, was er bei Mutter Teresa erlebt und gespürt hat: alles aus Liebe tun.

Christoph Zehendner ist Journalist, Theologe und Musiker. Er lebt und arbeitet in Triefenstein bei Würzburg als Mitarbeiter der Christusträger-Bruderschaft.

https://www.nethanja-indien.de
Christoph Zehendner: *Namaste – Du bist gesehen! Abenteuer-Mutmach-Hoffnungs-Geschichten aus Indien*, Brunnen 2017.

PETER ZIMMERLING

Der Dreiklang der Liebe: Gottes-, Nächsten- und Selbstliebe

Erst wenige Wochen zuvor hatte ich meine Professur an der Theologischen Fakultät in Leipzig angetreten. Auch wenn ich mich von Anfang an wohlfühlte, war alles neu. Die Vorlesung musste z. T. neu ausgearbeitet werden, sodass ich häufig sehr früh aufstand, um rechtzeitig vor Beginn der Lehrveranstaltung genug Stoff bieten zu können. In dieser angespannten Situation erfuhr ich, wie mein damaliger Kollege die Jahreslosung wörtlich nahm und die Anweisung des Apostels Paulus im Alltag umsetzte. Wir hatten ausgemacht, dass wir bei den zu korrigierenden Examenskatechesen je zur Hälfte die Erstgutachten erstellen würden. Ich sah gerade kein

Land mehr und war zeitlich im Verzug. Da fand ich eines Morgens auf meinem Schreibtisch in der Fakultät einen Stapel Examensarbeiten – versehen mit einem kleinen Zettel: „Ich dachte, dass Sie im Moment ziemlich viel zu tun haben." Mein Kollege hatte kurzerhand für alle Arbeiten die Erstgutachten verfasst, sodass ich die Katechesen nur noch kurz durchschauen musste und dann die Gutachten unterschreiben konnte.

Nächstenliebe

Die Liebe zum Nächsten ist so etwas wie die Nagelprobe des Glaubens. Darin sind sich alle Autoren des Neuen Testaments einig. Sie können sich dabei auf Jesus berufen – etwa wenn er in der Bergpredigt dazu auffordert, sich vor dem Opfern im Tempel mit dem Nächsten zu versöhnen (Matthäus 6,23f). Die Reformation hat daher eine notwendige Korrektur gegenüber der mittelalterlichen Spiritualität vorgenommen. Sie hat wieder ans Licht gebracht, dass es nicht genügt, sich ins Kloster zurückzuziehen, sondern der Glaube sich im Alltag, d. h. in Familie, Beruf und Gesellschaft, zu bewähren hat. Evangelische Frömmigkeit war von Anfang an alltagsverträglich und für jedermann und jedefrau praktizierbar. Ohne diese Demokratisierung des Glaubens wäre die Freiheitsgeschichte des modernen Europa nicht denkbar gewesen. Dass zum Glauben untrennbar die Tat der Liebe gehört, haben auch die Gründerväter und -mütter der Diakonie im 19. Jahrhundert gewusst.

Egal ob sie Johann Hinrich Wichern in Hamburg, Friedrich von Bodelschwingh in Bethel oder Mutter Eva von Tiele-Winckler in Oberschlesien hießen. Sie entdeckten immer neue Gruppen von Menschen, die in Not waren und der Hilfe bedurften – und sie erfanden immer neue Möglichkeiten, diesen beizustehen. Die Liebe zum Nächsten machte sie erfinderisch. Und in tiefsten DDR-Zeiten wussten selbst die SED-Machthaber: Auf die Liebe der Christen zu den Schwächsten der Gesellschaft ist Verlass. Darum überließen sie der Kirche nur zu gerne die Betreuung der Schwer- und Schwerstbehinderten in den Einrichtungen der Diakonie. Und ihre eigenen Krankheiten ließen sie zum Teil gerne in kirchlichen Krankenhäusern behandeln.

Gottesliebe

Spätestens seit dem Ende der 1960er-Jahre trat das Engagement für die Verbesserung der gesellschaftlichen Zustände allerdings in einer Ausschließlichkeit in das Zentrum der evangelischen Frömmigkeit, dass darüber die Gottesliebe als Quelle der Nächstenliebe in den Hintergrund geriet. Martin Luther musste als Kronzeuge dieser Entwicklung herhalten. Bestimmte Aussagen von ihm wurden so gelesen, dass der Glaube angeblich keinen Raum für die Liebe zu Gott ließe. Es stimmt zwar: Der Reformator ist überzeugt, dass in bestimmten Situationen die hilfreiche Tat besser sein kann als das Gebet. Gleichzeitig warnt er davor, über dieser

Einstellung das eigentliche Gebet zu vernachlässigen oder es am Ende gar für überflüssig zu halten. Spitzenaussagen wie die von der Arbeit als doppeltem Gebet dürfen nicht aus dem Zusammenhang gerissen werden!

Dass der Glaube neben der Nächstenliebe die Liebe zu Gott einschließt, kann man besonders an den Paul-Gerhardt-Liedern lernen. Gerhardt ist der Überzeugung, dass der Glaube an Gott die Emotionen einschließen muss. Glaube muss sexy sein, wenn er Menschen zu Taten der Liebe begeistern soll. Viele Menschen schenken sich als Zeichen ihrer Liebe bis heute Blumen. Paul Gerhardt greift das Bild in seinem Lied „Ich steh an deiner Krippen hier" auf und steigert es noch, um seine Liebe zu Jesus zum Ausdruck zu bringen. Er will Jesus ein Bett von Violen bereiten und überdies von oben Blumen regnen lassen. Veilchen, Rosen, Nelken und Rosmarin sollen mit ihrer Schönheit und ihrem Duft der Liebe zu Jesus sinnenfälligen Ausdruck verleihen: „Nehmt weg das Stroh, nehmt weg das Heu,/ ich will mir Blumen holen,/ dass meines Heilands Lager sei/ auf lieblichen Violen;/ mit Rosen, Nelken, Rosmarin/ aus schönen Gärten will ich ihn/ von oben her bestreuen."

Die Liebe zu Gott zu fördern, ist heute eine der vordringlichsten Aufgaben von Theologie und Kirche. Dies ist deshalb so wichtig, weil die Liebe zu Gott Voraussetzung der Nächstenliebe ist. Sie bildet deren Nährboden. Die Gottesliebe folgt aus der Nächstenliebe! Beide bilden ein Tandem: Keines kann ohne das andere sein. Ohne Nächstenliebe wird die Gottesliebe zur Heuchelei. Ohne die Gottesliebe fehlt der Nächstenliebe eine wesentliche Inspirationskraft. Die Gottesliebe ist der Atem der Nächstenliebe. Sie verleiht ihr die Fähigkeit zur Dauer, zum Durchhalten.

Selbstliebe

Und wo bleibt die Selbstliebe? Während die Gottes- und die Nächstenliebe im Alten und Neuen Testament ausdrücklich geboten werden, wird die Selbstliebe vorausgesetzt. Dabei ist es gar nicht leicht zu sagen, worin die Selbstliebe besteht. Der Wille zur Selbstliebe hat heute Konjunktur. Ein Grund dafür ist, dass sie in vergangenen Zeiten öffentlich verfemt war. Wem von uns Älteren würde nicht noch die Ermahnung der Eltern in den Ohren klingen: „Nimm dich nicht so wichtig." Die Selbstliebe ist von Selbstverliebtheit ebenso weit entfernt wie von Selbsthass. Sie konkretisiert sich in einer bestimmten Gestimmtheit gegenüber dem Leben. Dazu gehört der positive Wille zu leben, die Forderung, von anderen respektvoll behandelt zu werden, und das Bewusstsein, auf die Anerkennung und Liebe vonseiten anderer angewiesen zu sein.

Gottes-, Nächsten- und Selbstliebe bilden in der Bibel einen wunderbaren Dreiklang. In ihm kommt das menschliche Leben zur Erfüllung.

Prof. Dr. Peter Zimmerling lehrt Praktische Theologie an der Universität Leipzig.

JOHANNES ZIMMERMANN

Eine Traupredigt

Let everything you do be done in love. Durch eine eng-
lische Version wurde ich überhaupt erst auf den unscheinbaren Bibelvers am Ende des ersten Korintherbriefes aufmerksam. Es war ein internationales und
interkulturelles Paar, er aus Deutschland und sie von einem anderen Kontinent. Sie kamen wegen der Trauung
auf mich zu und wünschten dieses Bibelwort als Trau-
spruch. Ich stutzte und fragte mich, ob das nicht eine
sehr freie Übersetzung sei, für mich klang es eher wie
eine allgemeine Weisheit.

Daher vergewisserte ich mich in anderen Übersetzun-
gen und in der Tat, das war Originalton Paulus: *Alle eure
Dinge lasst in der Liebe geschehen! (1. Korinther 16,14).*
Noch knapper das griechische Original mit lediglich
fünf Worten: *Alles eurige in Liebe geschehe! (Panta hymon
en agape ginestho).*

Das Thema „Liebe" passt zu einer Trauung. Aber für
eine Traupredigt sind allgemeine Weisheiten zu wenig. Es
geht darum, unsere zwischenmenschliche Liebe zu ver-
ankern in der alle unsere Möglichkeiten übersteigender
Liebe Gottes in Jesus Christus. Aus ihr empfängt unsere
menschliche Liebe ihre Kraft, auch die Liebe in der Ehe.

Wie kann daraus eine zur Situation des Paares pas-
sende Traupredigt werden? Ich nehme Sie, liebe Lese-
rinnen und Leser, mit hinein in die Predigtwerkstatt.

Die Aufforderung in 1. Korinther 16 gehört zu den seelsorglichen Ermutigungen und Ermahnungen in den Briefen des Neuen Testaments. Sie sind an Gemeinden gerichtet, passen aber ebenso für die Gemeinschaft in der Ehe: „Für das Zusammenleben in der Ehe gilt, was allen Christen gesagt ist. Darum hören wir die Weisung des Apostels" *(Gottesdienstbuch zur Trauung Württemberg)*. In der Ansprache klang das so:

Schöne Worte, passend zu einem Tag wie diesem. Paulus schreibt dies am Ende eines langen Briefes. Was er ausführlich entfaltet hat, wird in einem Merksatz zusammengefasst: Alle eure Dinge, alles, was ihr tut, soll in Liebe geschehen. Wenn ihr als Gemeinde zusammenkommt und feiert, wenn ihr einander helft, wenn ihr mit euren unterschiedlichen Begabungen miteinander arbeitet, dann soll die Grundmelodie „Liebe" sein. Auch dann, wenn ihr unterschiedlicher Meinung seid, wenn es zu Konflikten kommt, wenn ihr euch schwer mit den anderen tut, auch dann soll euer Umgang miteinander von Liebe bestimmt sein.

In 1. Korinther 16,13 geht es nicht um erotische Liebe, nicht um die Freundschaft, sondern um die *agape*, die nur wenig vorher im „Hohelied der Liebe" in 1. Korinther 13 entfaltet wird.

Liebe ist mehr als Sexualität, mehr als Verliebtsein, mehr als Romantik. Liebe ist nicht nur ein Gefühl. Liebe ist nicht nur ein innerliches Geschehen in mir. Liebe ist auf den anderen gerichtet. Liebe fragt nicht zuerst nach dem, was für mich gut ist, Liebe fragt nach dem, was für den andern gut ist.

Bei der Liebe geht es nicht zuerst darum, dass ich etwas davon habe, weil ich den andern begehre und haben will, sondern darum, dass ich für den andern da bin.

Ausgeführt für die Situation eines jungen Paares:

Alle eure Dinge lasst in der Liebe geschehen! Liebe lebt davon, dass sie im Alltag konkret wird. Alle eure Dinge, alles, was ihr miteinander und füreinander tut: Wenn eins den Tisch deckt und das Frühstück vorbereitet, wenn eins die Wäsche macht, wenn eins zum Einkaufen geht, wenn eins von euch dem andern erzählt, was den Tag über bei der Arbeit gelaufen ist, wenn ihr miteinander einen Besuch bei den Eltern oder bei Freunden macht, wenn ihr miteinander lacht und weint: Alle eure Dinge lasst in der Liebe geschehen!

Dazu Ergänzungen für die spezielle Situation des internationalen Paares in Anknüpfung an die Karikaturenreihe „Liebe ist …“:

Liebe ist, wenn er Ärger im Geschäft gehabt hat, zu Hause von ihr in den Arm genommen wird und erzählt, was ihm Mühe macht.

Liebe ist, wenn sie in Deutschland alles komisch und seltsam findet – ja, was könnte dann Liebe sein? Vielleicht, dass er ihr mit viel Geduld alles erklärt und übersetzt, ein deutsches Wort nach dem andern beibringt.

[…] Ihr beide kommt aus unterschiedlichen Ländern, Sprachen und Kulturen. Da ist sicher vieles, was euch aneinander fasziniert. Die Unterschiede können aber auch zu Reibungen führen. Alle eure Dinge lasst in der Liebe geschehen! Das gilt gerade dann, wenn ihr euch nicht versteht und fremd seid.

Im weiteren Verlauf der Predigt ging es über die „Ausdauer" der Liebe in der Treue, die am anderen auch in den Stürmen des Lebens festhält, bis hin zur Liebe Jesu, die unsere Liebe übersteigt und ihr ein tragfähiges Fundament gibt:

Dort, wo Gott selbst Mensch wird, in Jesus, wird Gottes Liebe so deutlich und anschaulich wie sonst nirgends.

[Das Wagnis der Liebe] lohnt sich deshalb, weil es eine Liebe gibt, die größer ist als unsere menschliche Liebe. Eine Liebe, von der her unsere menschliche Liebe Kraft und Geduld empfangen kann. Es ist Gottes Liebe. Gottes Liebe, die Ja zu mir sagt. Ohne Bedingungen. […] Weil Gott Ja zu mir sagt, kann ich Ja zum andern sagen. An einer Stelle wird Gottes Liebe so deutlich und anschaulich wie sonst nirgends: dort, wo Gott selbst Mensch wird: in Jesus. An dem, wie Jesus gelebt hat und mit Menschen umgegangen ist, können wir sehen, wie Gottes Liebe ist. Keinen hat er aufgegeben. Am Ende hat er sein Leben gelassen, um uns den Weg zu Gott frei zu machen.

Liebe wirkt sich aus in erfahrener Vergebung und der Bereitschaft zur Vergebung. Nach diesem Gedanken kam das „Finale":

Ich wünsche euch, dass ihr diese starke Liebe in eurer Ehe erfahrt. Die Liebe zueinander, die euch verbindet und eurer Ehe ein solides Fundament gibt. Eure Liebe, die getragen ist von Gottes Liebe und von Gott her immer neue Kraft empfängt. Sodass ihr einander lieben könnt und eure Liebe nach außen strahlt und andere einschließt. Alle eure Dinge lasst in der Liebe geschehen! Let everything you do be done in love. Amen.

Am Ende war ich selbst erstaunt: So kann ein unscheinbarer Vers, in den Kontext des ersten Korintherbriefes und des Neuen Testaments hineingestellt, zu einem Lebensprogramm werden – für die Ehe, für die Gemeinde – und für jedes menschliche Miteinander.

Prof. Dr. Johannes Zimmermann ist Dekan im Kirchenbezirk Vaihingen/Ditzingen (Württemberg).

Wir bedanken uns herzlich bei dem Künstler **Eberhard Münch** und dem **bene!** Verlag für die Möglichkeit, das diesjährige Motiv für unsere Buchausgabe nutzen zu dürfen.

Eberhard Münch, Jahrgang 1959, geboren in Mainz, studierte zunächst italienische Wandmalerei und dann an der renommierten Akademie der Bildenden Künste in Nürnberg. Seit 1987 ist er selbstständig als freier Maler und Raumgestalter. Seine Bilder werden in zahlreichen Ausstellungen gezeigt.

Mehr über den Künstler erfahren Sie unter **www.atelier-muench.de.**

Die Jahreslosungsprodukte von bene! sind erhältlich über bene!/Droemer Knaur; das Barsortiment Chris Media und in vielen Buchhandlungen.

Kunstdruck 63 × 92 cm
GTIN 4251693902195
€ [D] 15,– · € [A] 15,–

Kunstdruck 40 × 60 cm
GTIN 4251693902201
€ [D] 8,– · € [A] 8,–

Kunstdruck A3
GTIN 4251693902218
€ [D] 5,– · € [A] 5,–

Kunstdruck A4
GTIN 4251693902225
€ [D] 2,50 · € [A] 2,50

Faltkarte mit Betrachtung (10er-Set)
Mit Bildbetrachtung von Hans-Joachim Eckstein
GTIN 4251693902232
€ [D] 12,– · € [A] 12,–

Faltkarte mit Betrachtung (5er-Set)
Mit Bildbetrachtung von Hans-Joachim Eckstein
GTIN 4251693902249
€ [D] 6,50 · € [A] 6,50

Postkarte (10er-Set)
GTIN 4251693902256
€ [D] 5,– · € [A] 5,–

Lesezeichen (10er-Set)
GTIN 4251693902263
€ [D] 3,– · € [A] 3,–

Kalender im Scheckkartenformat (10er-Set)
GTIN 4251693902270
€ [D] 3,50 · € [A] 3,50